AF607732

Tiempo de reconciliación

Colección El Pozo de Siquén
495

Anselm Grün

TIEMPO DE RECONCILIACIÓN

Superar divisiones y buscar el encuentro

Título original:
Zeit für Versöhnung.
Spaltung überwinden, Begegnung wagen

Traducción:
Álvaro Alemany Briz, SJ

Grupo de Comunicación Loyola
Polígono de Raos, Parcela 14-I
39600 Maliaño (Cantabria) – España
Tfno.: +34 944 470 358
info@gcloyola.com / gcloyola.com

Imprimatur:
✠ Arturo Ros Murgadas
Obispo de Santander
19-9-2025

Diseño de cubierta:
Vicente Aznar Mengual, SJ

Impreso en España. *Printed in Spain*
ISBN: 978-84-293-3269-8
Depósito legal: BI-1096-2025

Fotocomposición:
Rico Adrados, S. L. (Burgos) – www.ricoadrados.com

Impresión y encuadernación:
Gráficas Lope, S. L. – Salamanca / www.graficaslope.com

Índice

Prólogo

Anselm Grün aborda en su libro *Tiempo de reconciliación* un desafío central en nuestros días: la capacidad, pese a la diversidad de opiniones y a las viejas heridas, de ir al encuentro mutuo de manera nueva, pacífica y, por tanto, reconciliada. La reconciliación tiende puentes entre víctimas y victimarios; ayuda a apaciguar antiguos conflictos, a sanar heridas, convirtiéndose así en una forma importante del trabajo por la paz.

Es imposible sobrevalorar esta fuerza sanadora y unitiva de la reconciliación, sea en el plano social o en el ámbito privado. La paz de Europa tras el horror de la Segunda Guerra Mundial (1945) hasta la invasión de Ucrania por Rusia en febrero de 2022 no habría sido posible sin la reconciliación franco-alemana y la consiguiente construcción de un orden pacífico en Europa occidental.

La reconciliación produce efectos también en el ámbito privado. Un ejemplo: todo el que ha tenido que vivir un divorcio sabe de la fuerza sanadora de la reconciliación. Cuando unos cónyuges que se han querido emprenden caminos separados –sean cuales sean los motivos–, el recorrido vital subsiguiente queda lastrado por el dolor, la culpa, lo no explicitado, a veces incluso por el odio. La reconciliación de los padres tiene especial importancia para los hijos afectados por el divorcio, pues solamente con la nueva «paz en la separación» de los padres pueden los hijos alcanzar también la paz consigo mismos y con las penas y angustias causadas por la separación, y volver de nuevo a florecer.

Ya sea en la esfera política o en la privada, la voluntad de reconciliarse se convierte en un criterio importante para llegar a reorientar una convivencia humana lograda. La reconciliación nos permite sacar nueva energía y coraje para dar forma a nuestra vida y hacer lo correcto. Estoy convencido de que la disposición y las competencias para la reconciliación van a cobrar aún mayor importancia en el futuro, volviéndose incluso un tema crucial de supervivencia. ¿Por qué?

Vivimos en tiempos movidos, excitantes y con frecuencia también excitados, en una época de convulsiones y cambios. Las innovaciones tecnológicas, tales como la digitalización, la inteligencia artificial con los flujos de información concomitantes, pero también temas como el endeudamiento, las tensiones entre pobres y ricos, las crisis políticas, las guerras, las amenazas a nuestros medios de subsistencia debidas a la extinción de especies y la crisis climática agudizada, constituyen desafíos sociales y personales. No sin razón el término *cambio de época* fue la palabra del año 2022. Nuevas conceptualizaciones han entrado en nuestra vida. ¿Quién conocía hace escasos quince años conceptos como *fake news* o «datos alternativos»? La información se ha vuelto un arma todavía más afilada, por su acceso más fácil, tanto en la disputa política como en el ámbito privado. En la crisis del coronavirus, ciertas teorías conspirativas a menudo más que abstrusas pusieron precisamente de relieve cuánto material explosivo se encierra ahí. Se rompieron amistades, quedaron escindidas familias.

La intensidad y el volumen de información que nos llegan a diario se han multiplicado en solamente las tres últimas décadas. También en esto resulta cierto que un plus de cantidad no lleva necesariamente a una mejor calidad. Un triste ejemplo es justamente el espacio de las redes sociales, todavía en gran medida sin regulación jurídica y por tanto libre de responsabilidad, con las posibilidades que ofrece para la propaganda, la denigración y el acoso.

Esta multitud actual de desafíos y problemas parece a veces abrumadora; mucha gente se siente literalmente aplastada. La experiencia nos advierte que el exceso de agobio desemboca a menudo en el mutismo o, peor todavía, conduce a la repetición irreflexiva de broncas consignas populistas. Precisamente la historia alemana está llena de tristes ejemplos. No obstante, la esperanza puesta en las respuestas simples es engañosa: solo en apariencia nos evitan tener que afrontar con mayor profundidad y objetividad los temas pendientes. La experiencia de la vida nos enseña que mañana o pasado volveremos a tener delante con renovado ímpetu todos los problemas que quedan sin abordar de inmediato. Sucede como con una herida: si no nos ocupamos directamente de ella, la desinfectamos y atendemos, se va a infectar y, en el peor de los casos, acabará produciendo una sepsis letal.

En este punto se hace perceptible el enorme valor de la reconciliación. El objetivo de la reconciliación es el arreglo y la pacificación; es parte de la solución y no del problema. Tiende puentes sobre brechas que antes parecían insuperables y crea nuevos vínculos. La competencia y la voluntad de reconciliación nos fuerzan a escuchar con atención y a reconocer otras opiniones, aun cuando no las compartamos. La reconciliación requiere que todas las partes implicadas recapaciten, abandonen su respectiva zona de confort y, por tanto, se autosuperen. Se alcanza así una nueva visión común de la situación, de los problemas y el pasado de todas las partes. La reconciliación crea espacios para la comprensión y el reconocimiento entre todos los implicados. Para ello, el victimario ha de asumir la responsabilidad de sus malas acciones y la víctima ha de mostrar una nueva voluntad de perdonar. Para todos nosotros es un reto lidiar con diversas opiniones, experiencias y cosmovisiones. El trabajo de reconciliación puede aportar una contribución importante, pues nos ayuda a salir del círculo vicioso de querer tener razón y deber tenerla.

Como ya está dicho, vivimos en tiempos movidos, excitantes y con frecuencia también excitados, en una época de convulsiones y cambios. Estos desafíos son una realidad de la que no podemos escondernos. Sin embargo, no son solo un problema: también son una oportunidad. Pues toda crisis lleva inherente la libertad para nuevas soluciones, nuevas respuestas, nuevos caminos. Pero sin hacer las paces con el pasado, con lo que separa, sin abordar una reconciliación, no encontraremos esas soluciones ni las podremos poner en práctica.

Como tan bellamente se dice: todos vivimos bajo el mismo sol y respiramos el mismo aire. Una circunstancia que nos fuerza a encontrar soluciones comunes en los temas privados y sociales. La reconciliación –correctamente entendida– se convierte entonces en un medio importante para liberar pasados sobrecargados y dolorosos y extraer luego de esa paz nueva energía y posibilidad de cara a soluciones comunes grávidas de futuro.

Anselm Grün nos muestra caminos prácticos que conducen a lograr reconciliación. Nos exhorta a actuar para tender nuevos puentes, sanar viejas heridas, dar forma activa y conscientemente a una reconciliación. Sus valiosos pensamientos se vuelven así inspiración y estímulo para una vida lograda.

Que disfruten mucho de su lectura.

WALTER KOHL

Introducción
Reconciliar en vez de dividir

La hostilidad aumenta cada vez más en nuestra sociedad: esta es la imagen que nos transmiten los titulares de prensa en los últimos años. Estudiosos de la Universidad de Münster han investigado la división de nuestra sociedad, encuestando a más de 5 000 personas en Alemania, Francia, Polonia y Suecia. El resultado fue publicado en el verano de 2021[1]. Los investigadores pusieron de relieve que en nuestra sociedad hay, de hecho, dos grupos hostilmente enfrentados. Por un lado está el grupo de los «defensores», que se siente amenazado por los cambios de nuestra época y está preocupado por su seguridad y la estabilidad del país. Al otro lado está el grupo de los «descubridores», que reclama máxima apertura y pluralidad; los cambios nunca les parecen lo bastante rápidos. Esos dos grupos existen desde hace ya tiempo. Ahora los conflictos están acentuados por las migraciones, la crisis financiera, la crisis climática y la pandemia. Para ambos grupos solo cabe estar a favor o en contra. Da lo mismo que se trate de la inmigración, de la protección climática o de las medidas sanitarias: ninguno de los dos grupos escucha los argumentos del otro; solo quieren tener razón. Agresivos creadores de opinión incendian el conflicto. Teóricos de la conspiración reúnen adep-

[1] Mitja BACK, Gerald ECHTERHOFF, Olaf MÜLLER, Detlef POLLACK y Bernd SCHLIPPHAK, *Von Verteidigern und Entdeckern: Ein neuer Identitätskonflikt in Europa*, Springer 2022.

tos que los siguen a ciegas. Hay quien explica la conducta de los otros con una teoría a menudo abstrusa. Hay quien asevera que la guerra de Ucrania solo sirve para distraer de la pandemia del coronavirus. Hay quien afirma que Angela Merkel desciende de Hitler y que ha proseguido la política de este con otros medios. Hay quien declara que Bill Gates solamente promueve la vacunación para ganar más dinero. Quien se deja obcecar por tales teorías no está dispuesto a ponerlas en discusión. Si alguien objeta algo contra esa teoría, es señal de que él mismo apoya «las maquinaciones de Bill Gates o de la señora Merkel».

Los activistas climáticos emprenden acciones de protesta cada vez más radicales, como huelgas de hambre o barricadas callejeras. Tampoco los activistas están dispuestos a discutir sobre sus exigencias de protección del clima: dicen que ya no hay tiempo para discusiones. Con sus actos pretenden presionar al Gobierno para que lleve a la práctica sus objetivos.

Los dos grupos son ya incapaces de dialogar. Cualquier opinión se liga enseguida con la cuestión del poder: ¿quién tiene el poder sobre las personas? Así, se niegan a entrar en una interlocución real.

Las teorías conspirativas y las protestas climáticas radicales son una realidad en nuestra sociedad. Provocan la escisión en las familias y la ruptura de amistades. Las *shitstorms* [tormentas de críticas] en los nuevos medios sociales, que abruman a los políticos o también a científicos, escritores y otras personalidades cuando expresan una opinión discutida, son asimismo parte de nuestra realidad social.

Considerando todos estos fenómenos, podría hablarse de una sociedad profundamente dividida. Y esto es lo que nos suelen sugerir también los medios. Pero los científicos que se ocupan de nuestra sociedad han llegado a una conclusión distinta en sus estudios empíricos. Los investigadores de Münster, por ejemplo, llegaron a la conclusión de que en Alemania solo una minoría forma parte de los grupos de defensores y descubridores. La mayoría de la gente está dispuesta a dialogar[2].

También el psicólogo social Tom Postmes, de Groninga, ha investigado diversos escenarios de crisis, y ha constatado que las crisis no escinden a la sociedad, sino que impulsan a la mayoría de las personas a un comportamiento solidario[3].

Algunos medios pronostican una división de la sociedad a causa de la crisis energética. Martin Voss, director del Departamento de Estudio de Catástrofes de la Universidad Libre de Berlín, piensa que esto encierra un peligro. Hablando de una división en la sociedad podríamos estar contribuyendo a una profecía autocumplida. Puede que una valoración errónea de la sociedad tenga repercusiones sobre la realidad[4]. Una visión similar es la del sociólogo Simon Teune, de la misma universidad: «Quien pinta en los muros rebeliones populares –dice Teune–, está ampliando el margen de maniobra de las derechas y los creyentes conspiranoicos»[5]. Entonces se ve todo a través de los lentes de una división amenazante.

---

[2] Al grupo de los descubridores pertenece en Alemania el 14 % de la población; al grupo de los defensores, el 20 %. Cf. *ibid.*, 3.

[3] Cf. Ulrich SCHNABEL, «Wenn es darauf ankommt»: *Zeit*, 22.09.2022, 27s.

[4] Cf. *ibid.*

[5] Cit. según SCHNABEL, *op. cit.*, 28.

Martin Voss es precavido en esto: «No creo que vayamos a rompernos como sociedad»[6]. Según él, hay en nuestra sociedad muchos ciudadanos y ciudadanas que creen en la democracia y además se comportan democrática y solidariamente.

También el sociólogo Steffen Mau niega que vivamos en una sociedad dividida. «Vivimos en una sociedad revuelta emocionalmente con muchos conflictos nuevos. Tenemos sectores radicales, pero con ello nuestra sociedad no está todavía dividida»[7]. Advierte contra afirmaciones prematuras sobre el estado de la sociedad. El científico cree en la investigación empírica, que con frecuencia dice algo distinto de los titulares de ciertos medios. Por eso considera la división de la sociedad como un «escenario de miedo».

Todos los sociólogos mencionados están de acuerdo en que la situación actual es tensa y es una prueba de estrés para nuestra sociedad. Naturalmente que sabemos que en nuestra sociedad hay muchos conflictos y que la crisis puede también robustecer las fuerzas radicales. Pero ellos creen que es posible el diálogo. Precisamente en esta situación tensa y revuelta en que se halla nuestra sociedad es bueno confiar en la investigación empírica. Y puede servir de mucha ayuda recapacitar conscientemente sobre cómo la reconciliación puede contribuir a que la sociedad no se rompa, sino que se vuelva solidaria. La reconciliación vincula mutuamente a las personas, en lugar de dividirlas.

---

[6] *Ibid.*

[7] Cit. según Anant AGARWALA y Anna-Lena SCHOLZ, «Die Spaltung ist ein Angstszenario»: *Zeit*, 22.09.2022, 29.

En este libro me propongo reflexionar sobre cómo puede lograrse la reconciliación y mostrar caminos hacia ese logro. Para ello voy a describir los diferentes ámbitos en los que necesitamos reconciliación. Pero me importa también el presupuesto central para la reconciliación con los otros, que es la reconciliación con uno mismo y con Dios. Porque quien en sí está dividido va a dividir también a otras personas. Además, hay que tratar algunas cuestiones que se le plantean a uno en el tema de la reconciliación: ¿dónde están los límites de la reconciliación? ¿Hay también motivos para quedarse sin reconciliar? Y ¿cuáles son en nosotros las condiciones que hacen posible la reconciliación? En último término, interesa la cuestión de qué nos aporta la reconciliación, cuáles son sus frutos. No se trata precisamente de un sermón moralizante sobre la reconciliación, sino de describir cómo hacer posible la reconciliación y qué nos aporta a nosotros personalmente y a la sociedad. Ciertamente, la cuestión de la utilidad no ha de ser lo central. Pero muchos no se implican en un tema tan dificultoso como la reconciliación si no se percatan de sus beneficios prácticos para una vida realizada.

Si escribo en este libro sobre reconciliación es porque abrigo la esperanza de que las personas en lo más hondo anhelan la reconciliación. Por eso tengo por necesario, precisamente en esta atmósfera a veces de tensión, hablar de reconciliación. Al recapacitar sobre la reconciliación, estamos tocando el anhelo humano de reconciliación. Confío en que ese anhelo de reconciliación pueda crear vínculos en lugar de división, y así lo haga, en la realidad de nuestra sociedad y también en la familia, los amigos, las empresas y la ciudadanía. Por eso no quisiera escribir moralizando, sino mostrar posibilidades y caminos para fortalecer a la gente en su conducta reconciliadora y para que tenga el valor de confiar en la fuerza sanadora y unitiva de la reconciliación.

Por qué la reconciliación resulta difícil

Miedo a perder el control
Miedo al rechazo
Miedo al fracaso

Tanto en el ámbito personal como en la esfera pública tenemos la experiencia de que a la gente le cuesta la reconciliación. Hay muchas razones por las que la reconciliación resulta difícil. Voy a mencionar solo algunas.

Miedo a perder el control

La reconciliación requiere que yo me dirija a la otra persona e intente aclarar con ella el conflicto y aventurarme a un nuevo camino juntos. Tengo que salir de mí. Y eso provoca inseguridad. Muchas personas se hallan bajo la presión de mantenerse constantemente bajo control. Mientras se defienden a sí mismas y defienden su punto de vista, se sienten seguras. Pero la necesidad de control las incapacita para relacionarse. No pueden abrirse a otra persona, porque entonces renuncian al control. Quien desde su tierna infancia aprendió de sus padres el autocontrol como patrón vital encontrará difícil exteriorizar sus sentimientos. Teme no poder controlarlos. Pero si me relaciono con otro, no van a importar nunca los meros argumentos racionales. Se trata siempre también de los sentimientos que noto ante el otro y que el otro tiene ante mí.

La necesidad de control está causada a menudo por una autoestima deficiente. Como uno se siente inseguro, tiene que controlarse para que los demás no vean sus debilidades. Las personas que se controlan constantemente tienen, en último término, una visión negativa de sí mismas. Una mujer me contaba: «No puedo quedarme en silencio, porque entonces estalla en mí un volcán».

Y por eso debía controlarse permanentemente. Lo cual llevaba a no tener tranquilidad y vivir siempre con el miedo a que el volcán llegase a estallar. La reconciliación requiere que me dirija a la otra persona y me muestre tal como soy. En un diálogo de reconciliación aflora siempre también la verdad propia. Pero si yo me niego a mostrar mi verdad interna, no es posible reconciliación alguna.

Las personas que aprendieron pronto a controlar y optimizar todo suelen alcanzar así con frecuencia el éxito profesional. Los controles les han ayudado a subir en el escalafón. Ese patrón vital les ha sido muy útil durante un tiempo. Exteriormente producen un efecto particularmente rectilíneo y estable. Parece como si ninguna crisis pudiera afectarlas. Sin embargo, si el patrón vital se convierte en obligación, resulta un impedimento para el encuentro y para la reconciliación. Muchos seres humanos que quieren controlarse siempre tienen, en último término, miedo de sí mismos. Poseen una visión negativa de sí. Tienen la sensación de llevar dentro muchos pensamientos y emociones, que han de mantener bajo llave. Estas personas viven con la angustia permanente de perder el control y quedarse sin suelo bajo los pies. Pero la reconciliación me exige abandonar mi posición rígida, manifestarme y dirigirme hacia el otro.

Existe el dicho «Si quieres controlarlo todo, todo se descontrola». Quien quiere siempre controlar sus sentimientos se volverá loco en algún momento cuando alguien acierte con su talón de Aquiles. El que quiere controlar todo es incapaz de reconciliación. Pero vivir permanentemente sin reconciliar lleva a no tener ya la vida propia bajo control. Pues uno tiene miedo continuamente a ser impugnado por otros. La reconciliación crea un clima de confianza. En un clima sin reconciliación estoy viviendo con constante miedo a las personas que puedan descubrir mis angustias y fallos o que me quieran hacer daño. Y cuantos más peligros huelo en torno mío, más tengo que controlarme. Se produce así un círculo vicioso: quien quiere controlarse se incapacita para la reconciliación. Y una atmósfera de división e irreconciliación lleva a tener que controlarse más aún.

Miedo al rechazo

En latín, la reconciliación se llama *reconciliatio*. Significa que vuelven a recuperarse la relación y la comunidad. Pero con ello se está afirmando también que la comunidad está deteriorada. Se requiere primero, por tanto, reconocer honestamente que la comunidad, tal como está, no va bien. Pero muchos no se atreven a mirar la verdad a los ojos. Prefieren hacer como si todo estuviera en orden. Viven una conexión superficial. Pero por debajo de la superficie se dan intrigas, hostilidad, tensiones y divisiones.

Muchas personas temen que, si abordan esas tensiones y divisiones, va a resultar desagradable para los demás. Prefieren mantener la verdad en secreto y hacer como si todo estuviera en orden. Tienen miedo a abordar la verdad. Todo pudiera volverse de pronto en contra suya.

Puede que los otros aseveren, sin embargo, que sí se da una buena convivencia. Entonces los problemas serían míos: solo yo lo vería todo tan negativo. O podrían atribuirme la culpa por perturbar o incluso envenenar el buen clima del grupo. Podrían echarme la culpa de perturbar la tranquilidad, y señalarme como aguafiestas. Sería yo el culpable del conflicto. De repente quedaría alterada una relación que por fuera parecía armónica. Por eso las dos partes prefieren a menudo tapar el conflicto en vez de afrontar la verdad.

La reconciliación solo es posible si abordamos abiertamente los conflictos que nos separan a unos de otros. Pero los conflictos siempre me afectan primeramente a mí y a mi comportamiento. Y así, muchos tienen miedo de afrontar el conflicto porque entonces habrían de afrontar su propia verdad. La cual no siempre es tan pulida y bonita como la presentan hacia fuera. Por eso tienen miedo de que en el conflicto aflore su verdad. Tienen miedo de ser criticados y rechazados por los otros.

Muchas personas tienen miedo a sacar a relucir un conflicto. Mejor tapan o niegan el conflicto y así pueden, en cierta medida, vivir con tranquilidad. Pero notan que eso no es vivir realmente, porque entonces queda excluida gran parte de la vida. Abordar un conflicto implica sacar a relucir cosas desagradables. A eso no se atreven muchos por temor de que pueda rechazarlos el otro, con el que superficialmente se llevan bastante bien.

Me pasa con frecuencia que algunas mujeres me cuentan haber sido excluidas por la familia cuando hablaron de abusos sexuales por parte de su padre o de un pariente próximo. El resto de la familia las acusó de haber destruido esta y fueron expulsadas de la comunidad. Destapar un abuso es el requisito para poder atravesar el valle de lágrimas y alcanzar la reconciliación. Sin embargo, a menudo la familia no quiere saber nada de la verdad. Pero la verdad no se puede negar. Queda sobrevolando las relaciones familiares y enturbiando la convivencia. Bajo la tapa del silencio, el abuso no revelado oscurece la atmósfera. Con todo, algunos anteponen a la verdad el vivir a oscuras. La palabra griega *alḗtheia*, «verdad», significa que se quita el velo que todo lo cubre y vemos la realidad tal como es. Jesús dice: «La verdad os hará libres» (Jn 8,32). Solo es posible la reconciliación si la verdad sale a la luz. Eso es lo que temen muchos, y prefieren tapar la verdad. Entonces la vida se vuelve, de algún modo, irreal. Todos saben a nivel inconsciente que en la familia algo no funciona. Pero nadie se atreve a abordar la verdad, por miedo a ser excluido y tachado de destructor de hogares.

El modo de lidiar con un conflicto depende siempre de nuestra propia historia vital. Si de niño hube de temer constantemente que mis padres se separaran, de adulto reprimiré todo conflicto. Procuro, entonces, mantener siempre la armonía. Todo está en orden. Nos entendemos. Me quedaría sin suelo bajo los pies si reconociera que en el grupo hay un conflicto latente, o que con mis amigos o con mi pareja hay muchas cosas que ya no funcionan, que bajo mano se dan muchos conflictos. Pero como no solo yo, sino presumiblemente también los otros prefieren tapar el conflicto, porque entonces quedarían confrontados también con su propia verdad, no es posible una reconciliación real. La convivencia es superficial. Sin embargo, la agresión reprimida que se ha ocultado bajo la superficie puede estallar en algún momento. Y entonces romperse tanto que ya sea demasiado tarde para una reconciliación.

Miedo al fracaso

Cuando me dirijo al otro para clarificar las diferencias entre nosotros y emprender un camino de reconciliación, no tengo ninguna garantía de que el otro se implique realmente. Puede que siga terco, que me adjudique a mí toda la culpa de la división. Y puede que se niegue a la reconciliación. Entonces la relación con él se dificulta aún más. Puede ser también que en un grupo se hable ciertamente de los conflictos, pero sin llegar a solucionarlos. Y eso puede llevar a que el clima del grupo empeore. Antes llevaban vidas paralelas. Sin embargo, ahora, al hacerse público el conflicto, la división aparece con mayor nitidez. Y la convivencia se vuelve más difícil que en los tiempos de una armonía superficial. Puede que ahora, cuando es evidente que el conflicto no se puede ser resolver, este se agrave y envenene el ambiente.

Si fracasa la reconciliación, no puedo seguir viviendo como antes sin más. Tengo que buscar nuevas formas de tratar con la otra o las otras personas. Eso no puedo hacer solo. Yo no sé cómo ir al encuentro del otro. Y si el fracaso de la reconciliación afecta a un grupo, me va a resultar difícil seguir estando en ese grupo. Porque ya no puedo tapar la verdad. Es arduo encontrarse a diario con personas enfrentadas. Algunos tienen miedo de que el fracaso de la reconciliación pueda desembocar en una enemistad que deje una carga permanente.

El fracaso de la reconciliación puede provocarme sentimientos de culpabilidad. Tengo la culpa de que empeorasen las relaciones, por haber abordado el conflicto. Tengo la culpa de haber escuchado tan poco los deseos de los otros. Tengo la culpa de que haya fracasado la reconciliación. Preferiría no vivir con tales sentimientos de culpabilidad. Pero, incluso independientemente de esos sentimientos, no me siento bien cuando la reconciliación fracasa. Tengo que aceptar entonces el hecho de que otros tengan algo en contra mía, de que otros me rechacen, de que me cueste trabar relación con los otros. El fracaso de la reconciliación puede robarme energía interior y dejarme paralizado.

1

Tender puentes de reconciliación

Hacerse constructores de puentes
Superar impedimentos
Aceptar los límites

Hacerse constructores de puentes

Cuando mi hermana mayor fue en 1955 a Francia para trabajar como *au pair*, muchos familiares y amigos tenían grandes recelos. En efecto, la Segunda Guerra Mundial había intensificado aún más la antigua enemistad entre Alemania y Francia. Decían que para una muchacha alemana era dificultoso ir a una familia francesa. No obstante, mi padre animó a mi hermana y le dijo: «Ve sin más y construye puentes». Mi hermana los construyó. Siendo una joven católica, llegó a una familia protestante. Algún tiempo después, la familia francesa visitó a mi familia en las cercanías de Múnich. Surgió así un puente duradero. Desde entonces, las palabras de mi padre a mi hermana se convirtieron también para mí en una consigna. Con mis libros siempre he querido tender puentes, puentes entre los pueblos y las culturas, puentes entre católicos y protestantes, entre creyentes y no creyentes, entre personas exitosas y personas frustradas, entre directivos y sus empleados, entre sanos y enfermos, entre personas que han sido heridas y quienes las hirieron. La reconciliación requiere de puentes que uno esté dispuesto a construir.

Un puente une entre sí o bien dos orillas o dos montañas, según salve un río o un valle. Las dos orillas son diferentes y permanecen en su diferencia. Sin embargo, el puente las une. Podemos ir de una orilla a otra. Siguen estando separadas. Pero hay una vinculación. Es una hermosa imagen de la reconciliación. Los diferentes partidos y grupos humanos, las diferentes opiniones y corrientes, permanecen en su peculiaridad. Pero no se da una separación absoluta. Hay un puente, en el cual las gentes de las orillas y montañas opuestas tienen un camino por el que pueden ir unas al encuentro de otras e intercambiar ideas. Su orilla de siempre, su concepción vital de siempre, sigue siendo su patria. Pero ahora ya no las separa de la gente que tiene otra cultura y otros valores. Les gusta transitar por el puente para conocer a las personas de la otra orilla y vivenciar nuevos paisajes.

Para la reconciliación, por tanto, se necesitan puentes y se necesitan personas que estén dispuestas a acercarse por el puente a las personas de la orilla opuesta para visitarlas y preguntarles con interés lo que las mueve. Se necesita, por tanto, interés por el otro y apertura a él. Y se necesita estar dispuestos a ponerse en camino, abandonar la posición propia, mirar al otro sin prejuicios e interesarse por él.

El puente es, desde antiguo, símbolo de unión y mediación. Al papa se le denomina *pontifex*, «constructor de puentes». Puesto que todos nosotros, los cristianos, fuimos ungidos en el bautismo como sacerdotes, tenemos todos la tarea de construir puentes entre seres humanos enemistados, entre grupos distanciados, entre pueblos enfrentados.

Hay conversaciones en las que, simplemente, no nos entendemos. En lugar de unirnos, tales conversaciones nos separan. Pero hay personas que tienen la capacidad de tender puentes en la conversación. No obligan a nadie a renunciar a su opinión o a su postura. En vez de eso, tratan de comprender la opinión de los otros y tender un puente hacia ellos. Entonces no es necesario que nadie se sienta perdedor. Y para cada cual tienden un puente que lo une a los otros interlocutores.

Es un arte llevar una conversación de un modo tal que no divida, sino que entre las posturas más diversas se tiendan puentes que las unan mutuamente. Cuando el moderador de la conversación nota que se enfrentan posturas irreconciliables o que uno ha ofendido a los otros con sus palabras, desde luego que no lo dejará pasar. Pero al que expresa su opinión de forma tan vehemente no lo dejará aislado, sino que tenderá un puente hacia él, planteándole preguntas para averiguar lo que los une.

Superar impedimentos

Hay muchas condiciones que cumplir para que sea posible la reconciliación. Un impedimento para ella consiste en los prejuicios que tenemos contra otras personas. Lo queramos o no, todo ser humano tiene prejuicios. Pero nuestro cometido es desligarnos de los prejuicios que surgen espontáneamente en nosotros y no mantener al otro atado a ellos. Hemos de procurar contemplar al otro sin prejuicios.

San Benito nos enseña a ver en cada hombre el rostro de Cristo. Quizá a algunos les suene demasiado piadoso. Pero quiere decir que no reduzcamos al otro a aquello que vemos, sino que creamos en lo bueno que cada persona lleva dentro, en su núcleo bueno o su anhelo de bien.

Albert Görres, el psicoterapeuta muniqués, piensa que nadie hace el mal por el gusto de hacerlo, sino siempre por desesperación. Esto significa que tampoco al que hace mal se le reduzca a su acto. Creemos que también en él existe el anhelo del bien. Naturalmente, a veces nos percatamos de que hay personas que se han cerrado por completo a su núcleo bueno. Están tan desesperadas de sí mismas que ya no pueden creer ni siquiera en lo bueno que tienen. Por eso han de distanciarse de ello, para no hacer tambalearse esa visión negativa. Con todo, tenemos que creer en el núcleo bueno de cada persona. A veces puede ocurrir un milagro, como el que describe Dostoyevski en su novela *Crimen y castigo*, en el que el amor de Sonia suscita el bien en el asesino Raskólnikov. Ambos lo viven como una resurrección. Tener fe en lo bueno del otro es la condición para que no dejemos de contar con tales personas, sino que tengamos la esperanza de poder construir una relación también con ellas y vivir reconciliados.

Para diluir nuestros prejuicios arraigados se requiere también que no evaluemos al otro, sino simplemente captemos lo que vemos y experimentamos en él. En lugar de evaluar, tratemos de comprender por qué el otro es así. Toda conducta de otra persona tiene su significado. Quizá nos muestra que ha sido muy herida. O su conducta intenta superar su minusvaloración. Quizá sin esa conducta que nos repele llegaría a desesperar. Quizá representa para él la posibilidad de lograr una rectificación existencial. No evaluar, sino comprender, es la condición para estar dispuestos a conectar con el otro y vivir reconciliados con él.

Otra condición es el autoconocimiento sincero. A un anciano Padre del desierto le preguntaron una vez por qué nunca juzgaba a los otros. Contestó: «Porque me conozco». Quien se conoce a sí mismo evita juzgar a otros, trata de salirles al encuentro sin prejuicios. Y se interesa por el otro. Sabe que todo ser humano es un misterio, que tiene una historia vital muy personal. Por eso, junto al autoconocimiento sincero, se requiere también el interés por conocer al otro, aun cuando a primera vista su comportamiento nos resulte extraño. Pero ese interés por el otro precisa como contrapeso la capacidad de tomar distancia de mí mismo, renunciar al continuo girar en torno a mis necesidades y a mí mismo y abrirme a otras personas.

Otra condición más para posibilitar la reconciliación es el sentimiento de vinculación y de unidad con todos los seres humanos. Los filósofos griegos desarrollaron una filosofía específica del «Uno», *tò hén*. Parten de que junto a la multiplicidad debe existir el Uno, que está en todo. Jesús mismo ruega antes de su muerte: «Que todos sean uno» (Jn 17,21). Que sepan de su unidad interna. Si en el fondo de nuestra alma nos sentimos uno con todos los seres humanos, incluso con aquellos que son de una opinión enteramente distinta de la nuestra, con los que vivimos en conflicto, entonces nos sentimos vinculados a ellos en lo hondo. Y bien podemos esperar que ese vínculo interno no quede destruido tampoco por conflictos o divisiones, sino que el ser uno vaya aflorando lentamente desde el fondo de nuestra alma y penetre también nuestra conciencia. Sabernos interiormente uno nos da la esperanza de que también sea posible la reconciliación con las personas con las que en el plano consciente no tenemos buena relación.

Aceptar los límites

A menudo, los victimarios reclaman de la víctima la reconciliación. Sin embargo, el perpetrador no debe esperar ninguna reconciliación por parte de la víctima. Esto vale lo mismo para el abuso sexual que para el delito político.

Una mujer de Alemania Oriental me telefoneó y me contó que al mirar los documentos de la Stasi [policía política de la RDA] descubrió que su padre los mandó a la cárcel a ella y a su pareja. Afirmó que su padre había sido un delator, que para ella estaba muerto, que no quería tener nunca más nada que ver con él. Una rabia comprensible. Por teléfono le dije que comprendía bien su rabia y que además estaba justificada: «Usted tiene que distanciarse interiormente de su padre. Pero luego debería preguntarse: Mi padre ¿es solamente un delator? ¿O hay en él algún otro aspecto? ¿Lo sentí ya de niña como un delator? ¿O experimenté con él refugio y soporte?». La tarea de la mujer es liberarse del poder del padre y tomar una sana distancia. Esto podría suceder con el perdón. Si el padre justifica su comportamiento y a sí mismo, no es posible ninguna reconciliación. Porque la hija no debe renunciar a sí misma.

En el curso de la conversación me contó que sus hermanos estaban contra ella y que la acusaban de haber roto el hogar. Lo cual muestra que los hermanos no querían afrontar la delación. Quieren fingir que el mundo es perfecto, pero eso no existe en esa familia. Hay que examinar la delación y abordarla. Y el padre tendría que percatarse de lo que hizo y disculparse. Entonces sería posible la reconciliación. Pero, aun disculpándose, el padre no puede exigir la reconciliación. Puede que la herida de la hija sea tan profunda que no se pueda reconciliar, que no pueda ver más al padre. Entonces es más honrado mantener la distancia que fingir una reconciliación prematura. Con todo, ese distanciamiento debería estar ligado a la esperanza de que en algún momento pueda ser posible una reconciliación. La condición es que el padre afronte realmente su culpa y tome conciencia de cuán profundamente hirió a su hija y a su novio. Si el padre no está dispuesto a reconocer su culpa y empatizar con el dolor de la hija, no es posible reconciliación alguna. Entonces a la hija solo le queda el camino del perdón para liberarse del poder del padre y dejarlo en su delación.

La pregunta es qué le ocurre a la hija si no es posible la reconciliación con el padre. Aunque haya perdonado al padre, permanece el dolor de no reconciliarse. Entonces su tarea es deplorar que el padre sea como es y que ella tenga que seguir su vida sin contacto con él. Falta algo en esta. Porque necesitamos las raíces de nuestros padres. Pero si las raíces están emponzoñadas, solo quedan dos caminos: o descontaminar las raíces o cortarlas. No obstante, si las raíces se cortan, necesitamos otras raíces para que nuestro árbol vital no se seque y perezca. Unas buenas relaciones con amigos y con la familia que hemos fundado pueden reemplazar a aquellas raíces. Pero también hay raíces espirituales que refuerzan nuestro árbol vital. La fe en Dios podría hacer crecer las raíces hasta penetrar en terreno divino.

Algo similar pasa con el abuso sexual. El padre que ha abusado sexualmente de su hija no debe esperar de ella que se reconcilie con él. Sí puede abrigar la esperanza de que sea posible la reconciliación. Pero para ello tiene que afrontar su culpa y reconocer la profunda herida que ha inferido a su hija. Si afronta realmente esa culpa, es posible una reconciliación con la hija. Sin embargo, no la puede exigir.

Una mujer me contó que había sido víctima de abusos sexuales por parte de su padre. Había realizado una larga terapia y, al terminarla, tuvo la sensación de que ya era capaz de perdonar a su padre. Por tanto, lo visitó. Pero apenas estuvo en la casa, tuvo que vomitar. Quedó muy decepcionada y pensó que significaba que no había perdonado. Yo respondí: «No, usted perdonó. Pero quizá el perdón había entrado primero en el corazón, aunque todavía no en el cuerpo. Su cuerpo le está diciendo que usted no puede soportar aún la cercanía del padre. Y, por tanto, le dice que todavía no es posible una reconciliación. Debería mantener la esperanza de que su cuerpo le permita en algún momento reconciliarse con su padre y tolerar su proximidad. Pero ahora es demasiado pronto todavía».

La mujer que padeció abusos sexuales hubo de procurar primero sanar esas heridas con una terapia. Pero esa terapia era solo el primer paso hacia para la reconciliación. Que sea posible una reconciliación depende, por un lado, de la hondura de la herida, pero, por el otro, también de la disposición del padre para afrontar realmente su culpa, sin quererla explicar con ninguna excusa. Si no afronta la verdad y realidad de la herida, para la hija será tóxico reconciliarse con él. Solo le queda entonces la vía del distanciamiento, en la que se siente libre de la cercanía lesiva del padre.

Si la hija elige esa vía de distanciarse, se siente libre, pero le falta la raíz paterna. Esto es algo que hay que lamentar. También aquí podría servir de ayuda la fe en un Dios Padre, sentir dentro una imagen paterna distinta. C. G. Jung piensa que todos tenemos dentro una imagen arquetípica del padre. La hija puede entrar en contacto con esa imagen interna del padre. O bien procura contemplar a Dios como un Padre que le cubre las espaldas, que la colma de la energía paterna que ella necesita para que su vida resulte lograda.

El filósofo Max Horkheimer consideró como principio fundamental de la justicia humana que los asesinos no triunfen sobre las víctimas. Si los asesinos siguen en su papel de victimarios y triunfan sobre sus víctimas, ninguna reconciliación es posible. Primero tienen que moverse los asesinos, afrontar su culpa. A veces tampoco es suficiente disculparse. Entonces la justicia humana exige que los asesinos rindan cuentas y sean castigados. Solo entonces es posible una reconciliación en la sociedad.

Pero también las víctimas tienen que moverse. Si siguen en su papel de víctimas, van a pelear contra otras personas, las herirán y victimizarán. Y así se debilitan ellas mismas en su papel de víctimas. Pero a la víctima no le podemos exigir nosotros que se apee del papel de víctima. A veces la herida es tan profunda que no pueden despedirse tan pronto como querríamos de su rol de víctima. Nuestra tarea es acompañar y fortalecer a esas personas de modo que ellas mismas lleguen en algún momento a sacar la fuerza para soltar el papel de víctimas. Y entonces serán capaces de asumir la vida en sus propias manos.

En el relato de la curación del hombre de la mano seca podemos ver cómo un hombre se vuelve capaz de dejar a un lado el papel de víctima (Mc 3,1-6). El hombre tenía paralizada la mano. En el plano simbólico, la mano podría representar que el hombre había retraído su mano. La mano con la que antes tocaba a otras personas y se relacionaba. La mano que extendía a otros. Podría decirse que es un hombre que se ha retraído de las demás personas y ahora se mantiene en su papel de víctima. Cuando Jesús lo ve, le dice: «¡Levántate y ponte en medio!» (Mc 3,3). La forma personal griega *égeire* significa «¡Despiértate!». Abre por fin los ojos y afronta tu verdad. Ponte en medio para que vuelvas a tu centro y vivas tú mismo la vida, en lugar de mantenerte siempre en el papel de observador y de víctima. Finalmente, Jesús le ordena: «¡Extiende la mano!» (Mc 3,5). Tiene que asumir por sí mismo su vida y manejarla, y no quedarse siempre en el rol del herido. Ese hombre que se mantenía en el papel de víctima, que se había retraído y no quería chamuscarse los dedos, necesita la energía paternal de Jesús para volverse capaz de dejar de lado su papel de víctima, tomar en su mano su propia vida y darle forma. El material al que da forma con sus manos puede incluir también la experiencia del abuso sexual o de una herida profunda que haya recibido. Pero si el material de su historia vital cobra forma, va a producir bendición para él y para las personas de su entorno.

2

Dimensiones de la reconciliación

Reconciliación con uno mismo
Reconciliación con otros
Reconciliación con la naturaleza
Reconciliación con Dios

Reconciliación con uno mismo

Reconciliarse con uno mismo es la condición para hacer posible la reconciliación entre amigos y entre pueblos, la reconciliación en la familia, en el trabajo. Quien está dividido por dentro divide también la sociedad o el grupo en que vive. Solo puede vivir reconciliado con otros quien primero se pone en la senda de reconciliarse consigo mismo.

No es tan fácil reconciliarse consigo mismo. Con demasiada frecuencia estamos en pugna con nosotros, con nuestras diversas tendencias. No podemos perdonarnos a nosotros mismos cuando tenemos un fallo que rasga nuestra imagen exterior. No podemos decir *sí* a la historia de nuestra vida. Nos rebelamos contra la educación que recibimos, contra la situación de la historia mundial en la que hemos nacido, contra la vida que soñábamos y no hemos podido realizar, contra las profundas heridas que recibimos de niños y que tanto han impedido nuestro desarrollo.

Hay personas que se quedan toda su vida en esa rebelión acusatoria contra su destino. Hasta el final de sus vidas están culpando a sus padres de no haber recibido el amor que hubieran necesitado. Están acusando a la sociedad de no haberles proporcionado la oportunidad que aguardaban. Son siempre los otros los culpables de sus miserias. Toda su vida se sienten víctimas. Con ellos se disculpan de la negativa a vivir. Rechazan reconciliarse con la historia de su vida y a la vez rehúsan asumir la responsabilidad de su vida. Quien así vive, sin reconciliarse consigo mismo, nunca puede experimentar sanación interna. Y de él no sale reconciliación alguna, sino amargura, reproche y división.

Friedrich Nietzsche sabe cuán difícil puede ser, pero también cuán necesario, para nuestra paz interior que nos reconciliemos con nosotros mismos: «Diez veces tienes que volver a reconciliarte contigo mismo; pues la superación es amargura, y mal duerme el que no se ha reconciliado»[1]. Quien no se reconcilia consigo mismo se está dañando o, como dice Nietzsche, «mal duerme».

Jesús nos exhorta continuamente a reconciliarnos con el enemigo interior. En el sermón del monte se dice: «Con quien tienes pleito busca rápidamente un acuerdo, mientras vas de camino con él. Si no, te entregará al juez, el juez al alguacil y te meterán en la cárcel. Te aseguro que no saldrás hasta haber pagado el último céntimo» (Mt 5,25s).

El teólogo americano John A. Sanford aboga por que no interpretemos estas palabras en referencia al enemigo exterior, sino al «enemigo interior»: «Es él quien piensa los pensamientos que no queremos reconocer como nuestros, quien tiene sentimientos y necesidades que no nos atrevemos a expresar abiertamente, porque pondría en peligro nuestro rol adecuado, nuestra "imagen". Es aquel a quien queremos tener oculto ante los demás –muchas veces sin éxito–, porque tememos topar entonces con su rechazo, y a quien queremos disimular también frente a nosotros mismos, porque creemos no poder aguantar su aspecto»[2]. Con este «enemigo interior» tenemos que en-

---

[1] Friedrich NIETZSCHE, *Also sprach Zarathustra*, en *Werke* 2, ed. de K. Schlechta, München 1954, 295 [trad. esp.: *Así habló Zaratustra*, Alianza, Madrid 2003].

[2] Véase John A. SANFORD, *Alles Leben ist innerlich: Meditationen über Worte Jesu*, Freiburg 1974, 90s.

trar en diálogo, mientras vamos de camino, y reconciliarnos con él. Si no, el juez –imagen del superyó propio– nos meterá en la «cárcel», en la prisión de nuestros autorreproches, de nuestras constricciones y angustias[3]. Si por una vez entramos en esa cárcel interior, no nos será tan fácil salir. Por eso, mientras vamos de camino, tenemos que hacer las paces con nuestro enemigo interior.

C. G. Jung afirmó una vez que la neurosis que a menudo se apodera de nosotros es el sustitutivo del sufrimiento. Sufrimos porque nos negamos a aceptar el sufrimiento que hay en nosotros y en nuestras contradicciones. Porque nos negamos a reconciliarnos con nuestra verdad interior, que no siempre es agradable, somos como castigados por nuestra propia alma a permanecer en la cárcel de nuestra neurosis. De esta cárcel solo vamos a salir cuando hayamos «pagado el último céntimo», cuando tengamos el valor de hacer las paces con nuestro enemigo interior y asumirnos con nuestra contradicción. «Pagar el último céntimo» significa, por tanto, que, al negarnos a reconciliarnos con el enemigo interior, nos castigamos nosotros mismos. Este castigo, que nos imponemos nosotros mismos, porque nos negamos a reconciliarnos con nuestras sombras, con nuestras faltas y debilidades, lo hemos de pagar. Quien no toma conciencia de sus sombras, sino que las reprime permanentemente, experimenta el efecto destructivo que producen en él. Por eso es tarea nuestra reconciliarnos con nuestros lados sombríos.

Como estímulo para reconciliarse con el enemigo interior pueden interpretarse también las palabras de Jesús

[3] Cf. *ibid.*, 96s.

en el Evangelio de Lucas: «Si un rey va a trabar batalla con otro, ¿no se sienta primero a deliberar si podrá resistir con diez mil al que viene a atacarlo con veinte mil? Si no puede, cuando el otro todavía está lejos, le envía una delegación a pedir la paz» (Lc 14,31s). El enemigo interior puede ser nuestro miedo, nuestra susceptibilidad, nuestra tristeza, nuestra envidia, nuestros celos, nuestro vacío, todo aquello que vivenciamos como debilidades. Querríamos triunfar sobre nuestras debilidades. Pero la relación numérica de los dos enemigos muestra que en ese combate solo podemos perder. O empleamos toda la energía en combatir en nuestro interior contra el enemigo. Pero entonces suscitamos en él una fuerza contraria, con la que no podemos.

Cuando hace cincuenta y nueve años entré en el monasterio, yo pensaba que con mis «diez mil soldados», con mi fuerza de voluntad, con mi disciplina, con mi ascesis, podría triunfar sobre todas mis debilidades. Pero al cabo de algunos años fracasé estrepitosamente y me di cuenta de que debía reconciliarme con mi enemigo interior. Los enemigos no son ni mucho menos tan hostiles. Solo me parecen hostiles porque contradicen la imagen que tengo de mí mismo. Mi susceptibilidad contradice la imagen de autodominio; mi impaciencia, la de monje sereno. Si me reconcilio con esos «enemigos», se convierten en amigos. Y me llevan a una serenidad y humildad auténticas.

El camino de la paz interior pasa por la reconciliación conmigo y con todo lo que considero enemigo en mí. Si hago las paces con los enemigos interiores, si me reconcilio con ellos, experimento holgura en mi vida. Siguiendo la imagen: mi campamento se amplía y, en lugar de diez mil soldados, tengo ahora treinta mil. Poseo, pues, más energía. Muchos dilapidan su energía luchando contra los presuntos enemigos interiores. Si yo me reconcilio con ellos, se convierten en amigos. Mientras estoy luchando con mi miedo, se va haciendo más fuerte. Si me reconcilio con él, me da paz y libertad interiores.

Cinco pasos para reconciliarse con uno mismo

El camino de la reconciliación conmigo mismo consiste en cinco pasos:

1. Reconciliación con la historia de mi vida
2. Darme un sí
3. Reconciliación con mi propia sombra
4. Reconciliación con mi propio cuerpo
5. Reconciliación con mi propia culpa

Paso 1. Reconciliación con la historia de mi vida

La reconciliación con uno mismo significa reconciliarse primero con la historia propia. Sea cual sea la época en que nacimos, siempre hay situaciones que nos hubiera gustado eludir. Nunca se da la época ideal para venir al mundo. Y nunca se dan los padres ideales que hubiéramos deseado. Aunque los padres lo hagan con la mejor intención, nos sentimos heridos como hijos. Especialmente en la relación con los otros hermanos percibimos que los preferidos son otros, que estamos postergados. Por muy justos que sean los padres, vamos a tener, la sensación de que no nos atienden de la misma manera.

Pero muchos cargan por doquier con un gran lastre. Perdieron pronto al padre o a la madre. O el padre no era de fiar. Se emborrachaba y era imprevisible cuando bebía en exceso, de modo que la familia entera estaba aterrorizada. La madre tenía depresiones y no podía proporcionar a los hijos una confianza básica. A uno de los hijos lo llevaron a vivir con otros familiares, porque la madre no se veía en situación de atender también a su educación. Chicas y chicos sufrieron abusos sexuales por parte de parientes próximos, o incluso del propio padre. Estas son hipotecas nada fáciles de liquidar. A menudo se requiere una terapia para hacer frente a tales lesiones. Pero toda herida puede sanar. No podemos escoger nuestra infancia. Pero en algún momento hemos de asumir la responsabilidad de ella. Hemos de reconciliarnos con todo lo que hemos vivido y padecido. Nuestras heridas solo pueden transformarse si estamos dispuestos a reconciliarnos. Para Hildegarda de Bingen, la auténtica tarea del ser humano es transformar sus heridas en perlas. Pero esto solo se consigue si uno dice sí a sus heridas, si cesa de hacer responsables de ellas a otros. Pues solo se puede transformar lo que se ha asumido.

En todo caso, la reconciliación con mis heridas pasa primeramente por admitir el dolor y la rabia frente a quienes me han herido. Reconciliarme con mis heridas significa luego, a la vez, perdonar a quienes me las infligieron. Pero muchas veces el proceso del perdón requiere un largo tiempo. El perdón no es un simple acto de voluntad. Tengo que atravesar una vez más el valle de lágrimas para alcanzar luego la ribera de la reconciliación. Desde allí puedo echar una mirada retrospectiva y entender que mis padres no me hirieron conscientemente, sino solo porque ellos mismos también fueron heridos de niños. No se da una reconciliación con la historia de mi vida sin un perdón. Tengo que perdonar a quienes me hiricron. Solo así puedo desprenderme de mi pasado, solo así puedo liberarme del continuo girar en torno a mis heridas, solo así me libero del influjo destructivo de quienes me ofendieron y humillaron.

Muchos responsabilizan a Dios de la historia de su vida vulnerada. Necesitan acusar a Dios para tener un motivo para decir *no* a su vida. Dios es culpable de que cayeran en tal constelación familiar, de que recibieran esas características, de que tengan tantos déficits y carguen con tan pesadas cargas. Dios los ha tratado injustamente, les ha dejado hundirse sin preocuparse de ellos. Y así es como viven sin reconciliarse, con un desgarro interior, insatisfechos consigo mismos y con todo el mundo, en continua protesta contra Dios, que es el responsable de su destino. No pueden perdonar a Dios que les preparase tal destino. A algunos les resulta difícil la idea de tener que perdonar a Dios. Pero asumir la historia de nuestra vida incluye el ser capaces de perdonar a Dios por la historia que nos ha confiado.

Paso 2. Darme un sí

Reconciliarse consigo mismo significa además decir *sí* a lo que uno ha llegado a ser, decir sí a mis cualidades y fortalezas, pero también decir sí a mis defectos y debilidades, a mis puntos hipersensibles, a mis miedos, a mi tendencia depresiva, a mi incapacidad para vincularme, a mi escaso aguante. El verbo alemán *versöhnen*, «reconciliar», viene de *versühnen*, que significa «hacer las paces», «conciliar». Y también «tratar cariñosamente», «besar». Reconciliarme conmigo mismo significa, entonces, mirar amablemente a lo que no me gusta, a lo que contradice por completo mi autoimagen, a mi impaciencia, a mi angustia, a mi reducida autoestima. Darse un sí es un proceso que dura toda la vida. Porque, aunque pensemos que ya hace mucho que estamos reconciliados con nosotros mismos, surgen en nosotros una y otra vez aspectos que nos fastidian, que preferiríamos negar. Por eso es preciso constantemente decir sí a todo lo que hay en uno mismo.

Paso 3. Reconciliación con mi propia sombra

Darme un sí significa reconciliarme con mi sombra. La sombra es para C. G. Jung aquello que no hemos permitido, que hemos excluido de la vida, porque no se adecuaba a la imagen que tenemos de nosotros mismos. El ser humano, dice Jung, tiene una estructura polar, se mueve siempre entre dos polos: entre razón y sentimiento, entre disciplina y dejarse ir, entre amor y agresividad, entre miedo y confianza, entre fe y duda, entre *animus* y *anima*, entre espíritu e instinto.

Es muy normal que en la primera mitad de la vida desarrollemos un polo en especial, postergando el otro. El polo postergado queda entonces relegado al inconsciente, a la sombra. Pero ahí no está tranquilo, sino que sigue alborotando. El sentimiento reprimido se exterioriza en nosotros como sentimentalismo. Nos vemos inundados de sentimientos y no podemos lidiar adecuadamente con ellos. Si hemos reprimido nuestra agresividad, porque no se ajustaba a nuestra propia imagen, se exterioriza en nosotros con frecuencia en dureza y frialdad, o bien en una depresión con la que dirigimos la agresión contra nosotros mismos. O bien se manifiesta como agresividad pasiva. Hacia fuera somos amigables. Pero los otros notan la agresividad que tenemos. Y así, volvemos agresivos a los demás cuando hablan con nosotros.

Es necesario que a mitad de la vida, como muy tarde, encaremos nuestra sombra y nos reconciliemos con ella. Si no, enfermamos, surge en nosotros una escisión y quedamos desgarrados por dentro. Tenemos que reconciliarnos con el hecho de que en nosotros no solo existe amor, sino también odio; de que, a pesar de todo nuestro empeño religioso y moral, en nosotros también existen impulsos asesinos, rasgos sádicos y masoquistas, agresividades, rabia, celos, talantes depresivos, miedo y cobardía. En nosotros no solo hay un anhelo espiritual, sino que encontramos también áreas descreídas, que no quieren en absoluto ser piadosas. En nosotros no se da solo la experiencia de plenitud, sino también el sentimiento de vacío.

Quien no afronta la sombra propia la proyecta inconscientemente en los otros. No admite la indisciplina propia y solo la ve en los demás. Entonces despotrica de su cónyuge, del amigo, del empleado, diciendo que no viven una vida consecuente y se dejan ir demasiado. O proyecta sobre los otros su propio vacío interior, tachándolos de superficiales e insustanciales, y en cambio él se considera espiritual. Admitir la sombra propia no significa vivirla sin más hasta el fondo, sino, por de pronto, reconocerla. Esto requiere humildad, el valor de bajarse de la elevada imagen ideal y descender a la inmundicia de la propia realidad. La palabra latina *humilitas* significa aceptar nuestra propia terrenalidad, el humus que llevamos dentro. Entonces podremos estar con ambos pies en tierra.

Paso 4. Reconciliación con mi propio cuerpo

De la reconciliación consigo mismo forma parte también el reconciliarse con el cuerpo. Y esto no es tan sencillo. El cuerpo no lo podemos cambiar. En mis conversaciones me entero una y otra vez de que muchos sufren por su cuerpo. Su cuerpo no ha llegado a ser como a ellos les hubiera gustado. No se corresponde con la imagen ideal que del varón y la mujer tiene hoy la moda social. Se sienten demasiado gordos y les da vergüenza. No consideran atractivo su rostro. Se sienten perjudicados por su estructura corporal. Las mujeres padecen por ser muy grandes; los varones, por ser muy pequeños.

Solo si quiero a mi cuerpo tal como es se vuelve también hermoso. Porque la hermosura es bien relativa. También una muñeca inanimada puede ser bonita, pero es inexpresiva y fría. La hermosura significa dejarse atravesar por la gloria de Dios. Pero esto solo sucede si acepto mi cuerpo y lo presento a Dios. Solo así podrá transparentar el amor y la hermosura de Dios. *Schön* [hermoso] viene de *schauen* [mirar]. Según Platón, somos hermosos si nos miramos amablemente. Nos volvemos odiosos solo si nos adiamos a nosotros mismos.

A quienes sufren por su historia vital, por su sombra o por su cuerpo, les indico a sabiendas como ejercicio que tomen asiento ante un icono y mirando a Jesucristo digan: «Todo está bien. Todo tiene permiso para ser como es. Tiene todo su sentido. Te doy gracias por haber llegado a ser tal como soy ahora. Te doy gracias por mi historia, por mis altos y bajos, mis desvíos y rodeos. Tú me has guiado. Te doy gracias por mi cuerpo. Es único. En él me encuentro en casa. Es templo del Espíritu Santo, sede de tu gloria». Muchas veces esto no es tan sencillo. Cuando me he topado con mi penuria, me repugna encima dar gracias. Y cuando me rebelo contra mi cuerpo, no me resulta tan fácil tomarle cariño. Pero el que pueda querer o no a mi cuerpo no depende de su constitución, sino de mi modo de mirar. Todo cuerpo es hermoso si lo miro sin prejuicios y con cariño, si lo considero como obra de arte de Dios.

Reconciliarme con el cuerpo significa también conducirme amablemente con los sitios que me causan dolor, con mis hombros tensos, con mis dolores de espalda, con mi cadera, mis rodillas, mis pies, que me hacen daño. Una vía para reconciliarse con los sitios dolorosos consiste en figurarse esto: la tensión de mis hombros, mis dolores de espalda, muestran que he cargado sobre mí el peso de otras personas, aliviándolas de este modo. Mis rodillas o pies lastimados muestran que he recorrido muchos caminos hacia otras personas. Y confío en que con ello les he aportado bendición.

La señora Wu, mi editora taiwanesa, me habló de una mujer que conoció en uno de sus cursos en Taiwán. Apenas le quedaba ya voz. Su marido le decía que ya no debía mezclarse con la gente, porque no entendían su ronca y débil voz y resultaba desagradable para los demás. Pero al hacer el curso con la señora Wu, se dio cuenta: «Como maestra que he sido, he dado mi voz a muchos alumnos y alumnas. Y ahora ellos alzan su voz en la sociedad. En su voz sigue presente también la mía».

El cuerpo es el depósito de recuerdos de mi vida. Todo lo que he vivido se condensa en mi cuerpo. Por eso reconciliarme con el cuerpo es reconciliarme con mi historia vital, que ha dejado sus huellas en mi cuerpo. Esas huellas las puedo interpretar en el sentido de haber puesto algo en el mundo. Todo cuanto he dado a otros se refleja en mi cuerpo. En lugar de enojarme porque mi cuerpo –sobre todo en la vejez– muestra señales de desgaste, porque me duele en varios sitios, echo una mirada agradecida a mi cuerpo. Pues con mi cuerpo me he relacionado con otras personas, me he entregado a ellas con amor. Desde esta postura me manejo amablemente con mi cuerpo. Cumplo entonces el hermoso dicho de santa Teresa de Jesús de que debemos manejarnos con el cuerpo de tal manera que el alma more a gusto en él.

Paso 5. Reconciliación con mi propia culpa

Aún más difícil nos es reconciliarnos con nuestra propia culpa y perdonarnos. Solo podemos perdonarnos a nosotros mismos si creemos de todo corazón que Dios nos ha perdonado y que somos acogidos incondicionalmente por él. Muchos no toman en serio el perdón de Dios. Dicen, sí, que creen en el perdón por parte de Dios; han ido a confesarse y han reconocido su culpa. Pero en lo íntimo de su corazón no se han perdonado su fallo. Se siguen reprochando siempre haber cometido entonces tal culpa. Veo principalmente a hombres mayores, que estuvieron en la guerra, juzgarse y condenarse a sí mismos. Recuerdan los actos de crueldad en los que se vieron envueltos. Durante años lo han tenido reprimido, pero ahora aflora de nuevo. Y ellos ya no se pueden perdonar. No pueden creer que Dios los haya perdonado realmente. Se desgarran con reproches de culpabilidad. Llevan dentro un juez inmisericorde, que los condena sin compasión.

Dios es mucho más benévolo con nosotros de lo que lo somos nosotros mismos. «Pues, aunque la conciencia nos acuse, Dios es más grande que nuestra conciencia y lo sabe todo» (1 Jn 3,20). Creer en el perdón de Dios significa poner a Dios en lugar de nuestro superyó inmisericorde, confiar en que Dios asume todo lo nuestro, en que todo eso que nos seguimos reprochando hace ya mucho que él lo tiró, lo borró, lo transformó. La fe en el perdón divino ha de apartar nuestra mirada de la culpa propia para dirigirla a la misericordia de Dios. Ante los ojos bondadosos de Dios podemos hallar la paz con nosotros mismos y darnos el sí a nosotros mismos, que somos totalmente afirmados por Dios.

A veces es todavía más difícil perdonarse uno mismo que perdonar al otro. En mis conversaciones oigo con frecuencia que uno no se puede perdonar. A menudo no son cosas muy dramáticas las que no se perdonan. Una mujer no puede perdonarse no haber estado presente en la muerte de su madre, aunque siempre lo había deseado. Un hombre no puede perdonarse haber cometido en la empresa un fallo que fue perjudicial para ella. Una empresaria no puede perdonarse porque contó a su jefe de negociado algo de sus debilidades y él luego las difundió por doquier. Cuando pregunto por qué no pueden perdonarse, a menudo me doy cuenta de esto: yo no me puedo perdonar porque mi comportamiento no se corresponde con la imagen ideal que tengo de mí. Nos resulta difícil despedirnos de esa imagen ideal. No se trata de la imagen que Dios se ha hecho de nosotros, sino de la imagen que nosotros nos hemos superpuesto; de cómo nos gustaría ser pero no somos.

Perdonarse uno mismo es la condición para poder vivir consciente y atentamente en el momento presente, sin estar enturbiados por la culpa pasada que nos seguimos reprochando en lo oculto. En el profeta Isaías, Dios nos dice: «Aunque vuestros pecados sean como púrpura, blanquearán como nieve; aunque sean rojos como escarlata, quedarán como lana» (Is 1,18). Si Dios nos perdona, entonces nuestra culpa pierde su fuerza, no puede ya enturbiarnos, no queda ya marca visible en nuestra piel. Sino que esta se vuelve blanca como la nieve, como recién nacida. Podemos volver a empezar enteramente de nuevo. Lo antiguo ya no nos lastra. Pero tenemos que creer también en la fuerza del amor perdonador de Dios, perdonándonos a nosotros mismos y liberándonos así del poder destructivo de nuestra culpa.

Caminos para quererse uno mismo

En los cinco pasos para que se produzca reconciliación con uno mismo, se ha tratado siempre de la aceptación. Aceptarse a sí mismo es un modo de quererse uno mismo. Pero la pregunta es cómo puede llegar ese amor a sí mismo. A uno que está siempre criticándose y se rechaza a sí mismo no le puedo exigir que se quiera. No lo va a conseguir.

Un camino para quererme yo mismo pasa por despedirme de las imágenes ilusorias que me he hecho de mí. Muchos no pueden quererse porque las imágenes que tienen de sí no concuerdan con la realidad. Por eso es preciso que lamente que no soy tan ideal como me figuro. Luego puedo mirarme con agradecimiento y procurar amarme tal como soy, con mi propia historia vital, con mi cuerpo y mi carácter.

Otro camino para quererme yo mismo pasa por conocer que en el fondo de mi alma brota un surtidor de amor. Es el manantial del amor divino. Lo que importa es hacer que ese amor divino fluya a mi cuerpo, a mi historia vital, a mi sombra. Si yo siento que mi realidad entera está empapada por el amor de Dios, entonces puedo asociarme también a ese movimiento del amor divino y procurar quererme a mí mismo con ternura.

Ese amor a mí mismo en el horizonte del amor de Dios lo puedo ejercitar representándome lo siguiente: Al inspirar me invade el amor de Dios. En la «oración del corazón», cuando inspiro pronuncio la palabra *Jesucristo*, y me imagino el amor de Jesús invadiendo mi corazón. Al espirar, se hace que ese amor invada todo el cuerpo, sobre todo los espacios de mi cuerpo y de mi alma que no puedo aceptar tan bien. Después de algún tiempo, uno se siente completamente penetrado por el tierno amor de Jesús. Eso hace posible que me quiera a mí mismo, porque estoy colmado ya por el amor de Jesús.

Otro camino para quererme yo mismo pasa por la decisión «Yo opto por quererme yo mismo». Esto requiere a la vez despedirme de mis propias imágenes ideales y de las ilusiones que me he hecho sobre mi vida y sobre mí. Quererse uno mismo, por tanto, tiene siempre algo que ver con la humildad, con la disposición a bajarme del trono de mi propia imagen sublimada y descender a mis áreas sombrías, para descubrir allí el amor de Dios. No penetro en mi propia sombra a contrapelo, sino con amor.

La base para reconciliarse con los otros

Todos estos pasos que hemos considerado de la reconciliación con uno mismo son la base para reconciliarse con los otros. Si he descendido con amor a mi área de sombra, no condenaré los aspectos sombríos del otro, sino que los contemplaré amorosamente. Si yo me he aceptado con mis aspectos de sombra, seré capaz de aceptar al otro con sus aspectos oscuros. Y esa aceptación es la condición para poderme reconciliar con él. Lo mismo vale para la reconciliación con mi propia culpa y para el manejo adecuado de los sentimientos de culpabilidad. Si tengo reprimida mi culpa, la proyectaré sobre otros y los rechazaré. Solo si afronto mi propia culpa y me siento aceptado por Dios con ella no valoraré ni rechazaré a los otros, sino que estaré abierto a reconciliarme también con personas que han incurrido en culpa. No voy a juzgarlas, sino que trataré de entenderlas. Y la comprensión es el requisito para que yo pueda apoyarlas, en lugar de rechazarlas.

Reconciliación con otros

Reconciliación en la familia

Un ámbito en el que se requiere constantemente reconciliación para conseguir convivir es el de la familia. Concierne, por un lado, a la reconciliación entre los cónyuges, pero, por otro, también a la reconciliación entre padres e hijos, así como entre los hermanos. Y concierne asimismo a la reconciliación en el lecho de muerte.

En el matrimonio

Entre los cónyuges se dan una y otra vez malentendidos, conflictos, disputas y a veces incluso profundas desavenencias. Tampoco aquí es posible la reconciliación más que si antes se ha dado el perdón. Pero esto no es sencillo cuando el cónyuge me ha herido profundamente. Es importante no pasar por alto esa herida. Pues entonces me distanciaría cada vez más del cónyuge. Nos encerramos frente al otro o a la otra y solo hablamos de cosas intrascendentes. Con frecuencia nos lanzamos reproches mutuos a cuenta de las heridas. Calificamos al otro de ruin y entonces provocamos que reaccione a la contra, hiriéndonos. O se justifica: se siente atacado y quiere defenderse. Pero entonces ya no es posible un auténtico diálogo.

En los conflictos matrimoniales se necesita otro modo de dialogar. Le digo a mi pareja en qué me siento herido y qué palabra o conducta suya me ha herido. No le hago ningún reproche. Ocurre, en efecto, que a menudo ni siquiera sabe que me ha causado una herida con su conducta. Al informarla de ello, la dejo en libertad de reaccionar. Puede luego recapacitar. Y los dos podemos pensar cómo ser más atentos al conversar. En la conversación podemos analizar la incidencia: ¿Qué palabras me hieren a mí o a la otra persona? ¿Qué puntos sensibles míos encuentro cuando me siento herido? ¿Y qué me impulsa a herir a alguien? ¿Qué patrones de mi infancia se apoderan de mí en el momento de causar heridas? ¿Reproduzco un patrón que conozco por mis padres?

Un hombre me contó que reproduce inconscientemente el patrón de reproches y desprecios de sus padres cuando está hablando con sus empleados. Intenta esforzarse contra eso. Pero se sorprende una y otra vez incurriendo en el mismo patrón. Tanto con nuestra conducta hiriente como cuando somos heridos, podemos reconocer nuestra historia vital y la de la pareja y contemplarlas amorosamente. Si clarificamos así el conflicto con una conversación cuidadosa, no necesitamos reconciliación. En la conversación surge ya una nueva convivencia.

También en la vida de pareja suele ser certero el axioma de la filosofía estoica: «No son las personas quienes te hieren, sino las afirmaciones, las concepciones que te haces de la persona». No es el otro quien nos hiere, sino las expectativas que nos hacemos del otro y que él no cumple. Muchas veces la mujer se siente herida cuando el hombre no habla de los sentimientos de ella o cuando no se percata de que ella está pasando un mal momento, de que está estresada con la educación de los niños o el cuidado de familiares dependientes. El hombre no la quiere herir. Pero como él no cumple sus expectativas de que tendría que darse cuenta de su sobrecarga, se siente herida. Y, a la inversa, el hombre se siente herido por su mujer cuando, en cuanto llega del trabajo, lo abruma con encargos. Él piensa que ella debería notar lo cansado que llega y dejarlo en paz. La tarea sería, entonces, despedirme de las expectativas que tengo de la otra persona, pero también de las que tengo de mí mismo. Dejar a un lado tales expectativas puede llevarnos a una relación más profunda, en la que una persona acepte y quiera a la otra tal como es.

Más difícil se hace la reconciliación cuando mi cónyuge me engaña y establece ocultamente una relación con otra mujer u otro hombre. En lenguaje popular se suele decir «poner los cuernos». Si una mujer descubre en el móvil de su marido mensajes amorosos de otra mujer y las citas que han tenido, por de pronto se derrumba toda su confianza en el hombre. Tras ese derrumbe no puede perdonar enseguida. Hace falta primero una confrontación honesta con el engaño. Pero en esa confrontación tampoco sirve de mucho culpar al otro e insultarlo, sino primeramente preguntar: ¿Cómo es esa relación? ¿Por qué la necesitas? ¿Cómo se ha llegado ahí? ¿Qué echas en falta en nuestra relación? ¿Me amas aún? Y es importante mostrar la hondura de la herida propia.

La posibilidad de una reconciliación tras una ruptura de la confianza como esta depende de cómo reacciona el cónyuge. Si lo niega todo y quita importancia a la otra relación, es difícil reconciliarse con él. Pero si habla de ello con sinceridad, la pareja puede mirar de frente la situación y preguntarse: ¿Qué es lo que hemos descuidado en nuestra vida de pareja? ¿Qué deseas de mí? ¿Qué pretende reemplazar esa relación exterior? ¿Cuál es el reto que nos plantea? Yo necesito de mi cónyuge el mensaje claro de que opta por mí y va a terminar con esa relación exterior.

La reconciliación requiere volver a comenzar la relación. En mis conversaciones encuentro continuamente que la mujer ha perdonado a su marido y se ha reconciliado con él, pero sigue teniendo un fondo de desconfianza. «¿Puedo fiarme realmente de mi marido?». Él tiene el cometido de fortalecer la confianza de su mujer. Y a la mujer se le plantea la tarea de mirar la historia de su propia vida. ¿Cómo me ha ido en mi historia en cuanto a confianza y quiebras de confianza? ¿Aprendí en mi niñez una fuerte confianza en mí misma y también en las otras personas? ¿O soy básicamente desconfiada? La reconciliación no es un simple acto de voluntad, sino que exige confrontarse honestamente consigo mismo y con la propia capacidad o incapacidad para el perdón y la reconciliación.

En mis conversaciones oigo constantemente cómo incluso hijos adultos sufren viendo a sus padres completamente enfrentados. A veces a los hijos les entran sentimientos de culpabilidad, se sienten responsables de que sus padres se entiendan. Pero no consiguen reconciliar a los padres entre sí. A veces piensan también que ellos mismos tienen la culpa de que los padres no se entiendan, sobre todo cuando discuten sobre diferentes estilos de crianza. Pero ni siquiera los hijos adultos son responsables del enfrentamiento de sus padres. Su cometido es protegerse de la desavenencia de los padres, para poder reconciliarse consigo y con su vida a pesar del enfrentamiento parental. Un hombre me contó que, cada vez que visita a sus padres, tanto el padre como la madre tratan de aprovecharse de él para que haga de árbitro en su pelea. A veces los padres quieren ponerlo de su parte respectiva para que les dé la razón en la disputa. Aunque este hombre nota que no puede reconciliar a sus padres, se siente culpable de que sus padres no encuentren vías de solución y sean incapaces de reconciliarse.

Entre los hermanos

También entre hermanos es importante la reconciliación. Hay hermanos que en la infancia se entendían bien. Pero luego el hermano o la hermana tuvieron de pronto gran éxito. Y él o ella me trata como inferior, me humilla. No lo he podido soportar. Y me he retraído, cortando interiormente la conexión, aun cuando sigo hablando con mis hermanos. Una mujer contaba que su hermano mayor no dejaba de herirla. Estaba envidioso porque ella se llevaba bien con el padre. Su hermano lo tomaba a mal y por eso estaba criticándola constantemente y minusvalorándola como mujer.

La discordia entre hermanos suele agravarse por causa de la herencia. Tal vez una mujer se entera de que su hermana influyó unilateralmente en su madre para redactar el testamento. O el hermano presionó a su padre para que desheredase a la hija, a pesar de haberlo cuidado mucho más que el hermano. A menudo esas desavenencias solo afloran al abrir el testamento en el juzgado municipal. No se puede sin más pasar por alto la injusticia. Tengo que llamarla por su nombre. Pero luego la cuestión está en cómo lidiar con ello: si sigo toda la vida abrigando un profundo rencor contra mi hermano o mi hermana o es posible una reconciliación. Naturalmente, la reconciliación depende de ambas partes. A veces no me siento capaz aún de perdonar al hermano que me ha dejado así postergado. Y con frecuencia es también el hermano el que solo sabe justificarse y por su parte ha roto el contacto conmigo. Tiene que justificarse con tal vehemencia para tapar su conciencia culpable. Aquí se requieren tiempo y diálogo sincero hasta que sean posibles el perdón y la reconciliación. Es importante mirar de frente con honradez todos los sentimientos propios y también explicitarlos. Solo entonces se puede aclarar algo.

A menudo salen a relucir las desavenencias entre hermanos cuando mueren los padres. Ya no se trata solo de la cuestión de la herencia, sino también de cómo organizar el entierro y de qué hacer con la casa familiar. Tales desavenencias suelen tener su origen en viejas heridas. Un hijo nota de pronto que su hermano era el hijo favorito o que su hermana era quien mejor relación tenía con la madre. Cualquier conversación sobre la organización del entierro o el arreglo de la herencia está marcada por la relación de los hermanos con los padres y por viejas heridas y rivalidades. La tarea de los hermanos es entonces reconciliarse con el rol propio dentro de la familia y reconocer a los otros su rol.

Mientras que yo puedo perdonar por mí mismo como acto de autoliberación, para la reconciliación necesito siempre al otro. Aunque yo esté dispuesto a reconciliarme con el hermano que se siente injustamente tratado en la herencia, puede que él rechace todo diálogo y toda reconciliación. Y eso imposibilita reconciliarse con él. Porque yo no debo rendirme por completo solo para que mi hermano esté satisfecho. Pues entonces puede también implantar su intransigencia como modelo para imponer su voluntad a todos los demás hermanos. Y eso no crea reconciliación alguna. Si él no está dispuesto a reconciliarse, he de procurar por mí mismo estar reconciliado con esa situación. Tengo que deplorar que sea así, que ese hermano destruya la armonía familiar. Al lamentarlo, siento el dolor de que la familia no esté unida, sino que se disgregue. Debo permitir ese dolor. Pero no debo conceder al hermano irreconciliado tanto poder que domine nuestras fiestas familiares porque solo hablamos de él. Deplorar significa también que nos implicamos por entero en nuestra unión, que disfrutamos de nuestra comunidad familiar y no dejamos que el hermano obstinado la dañe.

Nuestra primera reacción a una acción hiriente por parte de un miembro de la familia no suele ser reconciliarnos, sino más bien vengarnos. El otro me ha herido: pues yo lo hiero también. Entonces no me quedo solo con mi sentimiento de vulneración. He herido al otro y ahora tampoco él se siente bien. Pero devolver al otro la herida, ofendiéndole también, solo da una breve satisfacción al principio. A la larga, ese mecanismo no sirve. Pues entonces conduce a un círculo vicioso de mutuas vulneraciones. Y si nadie se apea de ese círculo vicioso, la convivencia se vuelve insoportable. Algunos se obsesionan con sus sentimientos de venganza. Buscan continuamente nuevas maneras de practicarla. Pero, con demasiada frecuencia, se hacen daño a sí mismos. Están dominados por su afán de venganza y así no llegan a ninguna parte.

Me ha pasado con una familia que los sentimientos de venganza de un hermano contra los restantes llevaron a que toda la herencia se gastase en pleitos. Al final, nadie heredó nada. Por tanto, el hermano se perjudicó, en definitiva, a sí mismo. Pero la venganza era para él más importante que el dinero que con ello se perdió. Forma parte de la humildad reconocer yo mismo que percibo en mí esas tendencias vengativas cuando me hieren. No tengo que admirarme de ello. Pero es responsabilidad mía no dar espacio alguno a esas ganas de vengarme. Las miro, pero luego dejo que sigan su camino y opto por reconciliarme interiormente con mi herida. Me hace daño. Pero también me abre a mi auténtico yo.

Dios no hace ningún reproche a Caín por tener sentimientos de venganza contra su hermano Abel. Está claro que lo comprende. Pero lo insta a mirar más de cerca sus sentimientos y mantenerlos dominados. Dios pregunta a Caín: «¿Por qué te irritas, por qué andas cabizbajo? Si procedieras bien, ¿no levantarías la cabeza? Pero si no procedes bien, a la puerta acecha el pecado. Y aunque tiene ansia de ti, tú puedes dominarlo» (Gn 4,6s). Evidentemente, Caín sentía que su hermano Abel era el preferido de sus padres. Le habían adjudicado el trabajo más liviano, cuidar de las ovejas, mientras que Caín había de trabajar con gran esfuerzo la tierra maldita. Dios habla de una fiera al acecho, un demonio, que con el ansia de venganza pretende dominar a Caín. Pero la tarea de Caín es no dar poder alguno a ese demonio. Como muestra el relato, Caín no hizo caso del consejo divino y mató a su hermano Abel. Pero la venganza no le aportó nada. Al contrario, tuvo que huir de sí mismo y de los hombres. Los sentimientos de culpa no le dieron descanso alguno.

Entre padres e hijos

La tercera área en que se busca reconciliación en la familia es la relación de los hijos con sus padres. Muchos me han contado que tenían una relación difícil con el padre o con la madre. Hubo en la infancia, y sobre todo a comienzos de la edad adulta, muchas heridas. El hijo es permanentemente minusvalorado por el padre. La hija está desatendida por la madre, que solo se ocupa de sí misma. El cometido de los hijos es reconciliarse con su historia y asumir la responsabilidad por su pasado. Es tarea suya decir: «Esa es mi historia. Es responsabilidad mía lo que haga de ella. Por eso mi tarea es perdonar a los padres». No obstante, el perdón es un largo proceso, en el que primero tengo que pasar a través de mi rabia y mis ansias de venganza para luego sentir el amor que, a pesar de todo, tenía a mis padres. O al menos siento mi anhelo del amor de los padres. Si logro perdonar a mis padres, me liberaré de las expectativas que puse en ellos. Otra cuestión es si es posible una reconciliación o si los padres insisten en su conducta hiriente y despectiva. Entonces he de protegerme de sus ofensas y dejarlas con ellos. No debo dejarme envenenar por la ponzoña que a veces se ha acumulado en los padres.

A menudo ocurre una reconciliación cuando el hijo o la hija cuidan del padre o la madre enfermos o los acompañan en la vejez. De pronto se diluye la animadversión y uno nota cómo el padre o la madre padecen consigo mismos, cómo de repente se vuelven más suaves y abiertos, cómo pueden disculparse con los hijos por lo que no fue bien. Pero también los padres deben reconciliarse con sus hijos.

Una acompañante de moribundos me contó que algunas personas mayores no pueden morir porque siguen teniendo un conflicto sin resolver con la hija o el hijo. Esperan hasta que ellos llegan. La llegada de los hijos es un signo de su disposición a reconciliarse. El padre moribundo o la madre moribunda puede entonces mostrar de pronto señales de cariño y afecto que los hijos no habían captado en toda su vida. Luego, el padre o la madre ya puede ir en paz.

Aun cuando los padres hayan muerto, el proceso de reconciliación continúa. Es difícil perdonar a los padres en vida. Pero aún es más difícil perdonarlos cuando ya han muerto y reconciliarse con ellos. Muchos procesos de terapia giran en torno a la reconciliación con los padres difuntos. También entonces importa explicitar los sentimientos de ofensa, pero igualmente los de rabia y amargura. Solo si sacamos a relucir esos sentimientos puede el odio a los difuntos llegar a transformarse en un momento en amor. Albert Görres escribe sobre esta transformación de sentimientos, cuando los expresamos en un acompañamiento terapéutico o pastoral: «Cuando en la psicoterapia son reelaborados el odio al padre o la envidia a los hermanos, de ahí puede seguirse ciertamente un progreso ético en ecuanimidad, justicia, tolerancia, en compasión, en el modo de juzgar a los otros, en talante pacífico»[1]. Los latinos decían: «De mortuis nihil nisi bene», «De los muertos solo hay que hablar bien». Pero este dicho no proviene del cariño a los difuntos, sino más bien del miedo a que en caso contrario se venguen de nosotros. En un proceso terapéutico o en una entrevista pastoral hay que sacar a relucir todos los sentimientos; también los negativos, como el odio o el rencor o la amargura, con la esperanza de que así se transformen. Pero uno no debe quedar atascado en esos amargos sentimientos, porque, si no, se está dañando a sí mismo.

Reconciliación entre amigos

Todos anhelamos amistad. En la amistad se nos permite ser como somos, no necesitamos representar ningún papel. Con los buenos amigos podemos hablar de todo; también de nuestros problemas y debilidades. Ya san Agustín ensalzó la amistad con la célebre frase «Sine amico nihil amicum», «Sin un amigo, nada hay amigable». Y, sin em-

---

[1] Albert GÖRRES, *Das Böse: Wege zu einer Bewältigung in Psychotherapie und Christentum*, Freiburg 1982, 137.

bargo, también en la amistad surgen conflictos y se hacen heridas. Si el amigo o la amiga te causan una herida, ya no quieres tener nada que ver con ellos. Pero con eso te estás dañando a ti mismo.

Una amistad necesita continuamente reconciliación. Vamos a distinguir entre la reconciliación en o tras un conflicto y la reconciliación después de una herida.

En cuanto a la reconciliación en o tras un conflicto, importa mirar con precisión en qué consiste el conflicto. ¿Es un conflicto de intereses o un conflicto de percepciones? Un conflicto de intereses se produce cuando uno quiere pasar la semana de vacaciones común en Italia, y el otro, en Francia. Es preciso entonces buscar una solución; por ejemplo, viajar el primer año a Italia y el siguiente a Francia. O bien la solución consiste en que cada uno se vaya solo al lugar de vacaciones que desea. Lo importante es que el conflicto no lleve a una división. Un conflicto de percepción se produce cuando una amiga tiene la sensación de que la otra está siempre hablando de sí misma y ella apenas interviene. Pero su amiga no nota en absoluto que está siempre hablando; piensa que la conversación está equilibrada. Entonces no se trata de acusarla de llevar siempre la conversación ella sola, sino de abordar la sensación personal. Solo entonces puede darse cuenta la amiga de que monopoliza la conversación. Y entonces puede encontrarse una vía que vaya bien a ambas.

En cuanto a la reconciliación después de una herida, es preciso distinguir: ¿Me hiere el otro con sus palabras ofensivas o yo me siento herido porque no cumple mis expectativas? Como ya se ha mencionado, la filosofía estoica piensa que frecuentemente la que nos causa una herida no es la otra persona, sino la representación que nos hemos hecho de ella y que ella no cumple. Si, por ejemplo, una amiga tiene esta sensación: «Siempre tengo que llamarla yo. Nunca sale de mi amiga llamarme», está sintiéndose herida porque su amiga no busca el contacto por sí misma. Espera que tome ella la iniciativa de llamarla. También en esto algunas reaccionan tan heridas que cancelan la amistad. Sería más útil que pusieran en común sus expectativas y representaciones, de modo que juntas pudieran encontrar una vía para lidiar con esas representaciones.

Otro modo de causar heridas es con las palabras. El otro se percata de que apenas entablo contacto. Así que me llama y me grita que soy un egoísta, que solo estoy pendiente de mí mismo, que no tengo la más mínima preocupación por cómo le va al otro. A menudo nos sorprende ese arrebato de cólera. Nos sentimos vulnerados. O bien nos ponemos a justificarnos, o le reprochamos al otro lo ruin que es y cuánto nos ha herido. Pero entonces estamos exagerando las mutuas lesiones. Reconciliarse significaría contemplar las palabras lesivas, tratar de entender por qué el otro reacciona así. Quizá ha estado demasiado tiempo conteniendo sus sentimientos. Quizá mi comportamiento le recuerda al hermano que no se preocupaba de él, o a un amigo de la escuela que se portaba de manera similar. Una vía de reconciliación se abre aclarando lo que acaba de suceder.

Otra pasa por el perdón. En toda amistad se dan también heridas. Perdonar significa que yo dejo mi herida en el otro, que me deshago de ella. Entonces me libero de la fuerza ofensiva de la herida. Puedo empezar de nuevo a vivir reconciliado con el otro. Con todo, el perdón es tarea propia mía, pero para la reconciliación se necesita siempre también al otro, la disposición del otro para volver a vivir en común la amistad.

Perdonar y reconciliarse no es lo mismo. Lo muestra ya la lengua. *Perdonar* significa mandar fuera, dejar en el otro. Lo expresa aún mejor la palabra latina *dimittere* (perdonar), «enviar fuera, mandar al otro la herida y dejarla en él». Pero *perdonar* no afirma nada todavía sobre la relación con quien me ha herido. En cambio, *versöhnen* [reconciliarse] viene de *versühnen*, que significa «apaciguar, alisar, acallar, calmar, besar». Quiere decir, por tanto, todo un abanico de intentos de aproximarse mutuamente. La palabra latina *reconciliatio* significa volver a la comunidad, crear una nueva convivencia. La palabra griega *katallagē* significa el restablecimiento de una convivencia pacífica tras un conflicto. Se usa a menudo en el ámbito político. En el personal se emplea cuando los amigos que han reñido están dispuestos y capacitados para volver a juntarse.

El perdón debe suceder de tal modo que no nos resulte una sobrecarga, sino que sea adecuado a nuestra alma.

Para mí, el perdón se desarrolla en cinco pasos:

Primer paso. Yo consiento el dolor que sigo teniendo en mí a causa de la herida.

Segundo paso. En medio de la rabia, aparto al otro de mí, consiguiendo una sana distancia de él. Y transformo la rabia en la ambición de vivir por mí mismo, sin dejarme determinar por el otro.

Tercer paso. Trato de entender lo que ha ocurrido. ¿Dónde me ha transmitido el otro su propia herida? O ¿dónde ha tocado mi punto sensible? Al tratar de entender la herida, puedo estar de su parte y también de la mía. Entonces no me hago reproches por mi reacción hipersensible.

Cuarto paso. El perdón. Me libero de la energía negativa que sigue estando en mí a causa de la herida. El perdón es, por tanto, un acto terapéutico de autopurificación. Y me libero del apego a la otra persona. Si no perdono, sigo estando atado a ella. Y eso no me hace bien. El perdón no siempre significa que yo me arroje en sus brazos, que todo esté bien. A veces, mi alma, o también mi cuerpo, me dice que incluso después del perdón necesito aún distanciarme del otro. Pero lo importante es que dejo la herida con el otro y no la relaciono permanentemente conmigo.

Quinto paso. Transformar las heridas en perlas. La herida también me ha abierto a mí. Me mantiene vivo. Y puede llevarme a descubrir mis propias cualidades.

Se dan también amistades en que me siento tan vulnerado que me tengo que separar de los presuntos amigos. Sobre todo, si tengo la sensación de que el amigo o la amiga siempre quiere tener razón, de que no está dispuesto a prestarme atención y entenderme. Entonces es mejor que me distancie de los amigos, no solo exterior, sino también interiormente. De todos modos, para separarme de ellos debería estar reconciliado internamente. En cambio, si internamente sigo notando el rencor, es que aún estoy atado a los amigos. Por tanto, también aquí es importante una reconciliación, reconciliarme con la historia de mi amistad, que ya no continúa. Reconciliarse significa mirar retrospectivamente a la amistad con gratitud y poder entonces soltarla con un sentimiento de paz interior.

Antes de poder dejar marchar en paz al amigo, tengo que lamentar que esa amistad se haya roto. Primero va el dolor, y solo después la paz. El dolor está también unido, con frecuencia, con un sentimiento de fracaso y de culpabilidad. Son reproches que me hago: ¿Habría podido yo cuidar mejor la amistad? ¿Tendría que haber sido más comprensivo con el amigo o amiga? ¿He sido demasiado quisquilloso? ¿Ha sido mi comportamiento lo que los ha alejado de mí? Son interrogantes que debo plantearme. Pero luego es preciso deplorar que la amistad no continúe. Al deplorarlo, ceso de seguir cavilando si no podría haber sido de otra manera. Ahora es así como es. Y se trata de aceptarlo, sin poner toda la culpa en mí o en el otro. No juzgo a nadie. Yo trato de entender y de reconciliarme con la situación.

Algunas personas dolientes me cuentan con frecuencia que en el duelo muchos amigos se han apartado de ellas porque no querían tener nada que ver con su duelo. También otras que han pasado enfermedades graves relatan experiencias similares. En tales situaciones agobiantes se hace patente quiénes son los amigos verdaderos. Queda acreditada la frase que ya el filósofo romano Cicerón formuló: «Amicus certus in re incerta cernitur», «El amigo verdadero y seguro se reconoce en el peligro, en la situación insegura».

Un tema al que se hace referencia una y otra vez en los cursillos es la ruptura de una amistad por las opiniones discrepantes respecto a las vacunas en la crisis del coronavirus. Algunos cuentan que el grupo de amigos que tenían se disgregó por las teorías conspirativas que defendían varios. Todos lo sintieron mucho, pero hasta el momento habían fracasado todos los esfuerzos por superar las brechas. Al debatir este tema, contaron diversas experiencias. Una es la de un círculo cristiano de amigos que decidió no hablar de ese tema, sino de lo que los unía mutuamente en la fe. La fe que los une es más importante que lo que los separa. Por eso acordaron que ya no mandarían por WhatsApp más mensajes criticando la vacunación. Una mujer contó que no podía hablar de la pandemia con su mejor amiga. Es un tema que evita. Pero tiene la impresión de que el tema excluido repercute en su amistad. Falta algo en ella. Normalmente en la amistad se comparte todo. Si hay que poner un tema entre paréntesis, da la sensación de que la amistad es solo fragmentaria.

En el debate preguntaban continuamente cómo lidiar con esa amenaza a la amistad. Un camino consistiría en recalcar lo que une. ¿Qué nos ha unido hasta ahora como amigos? ¿Qué hemos vivido juntos? O podrían dar un paseo juntos disfrutando de la vivencia común. Si las familias amigas se reúnen, tienen la alegría de ver cómo los niños juegan juntos. No les preocupan las teorías conspirativas ni las discusiones de los padres sobre vacunas.

Otro camino pasa por emplear otro modo de conversar. No hablamos con los amigos sobre los argumentos a favor y en contra de la vacunación. Porque entonces la cuestión estaría solo en quién tiene razón. Siempre que nos peleamos por tener razón, solo hay vencedores y vencidos. Quien puede aducir los mejores argumentos derriba verbalmente al otro. Pero el perdedor no se dará por vencido, sino que se aferrará más aún a su opinión.

En lugar de ello, sería más adecuado hablar de los miedos que ese tema suscita en cada cual. ¿Cuáles son los miedos de quien defiende una teoría conspirativa? ¿Por qué tiene necesidad de una teoría así? ¿A qué está reemplazando? A veces las personas se esconden detrás de una teoría porque, si no, no se sienten lo bastante escuchadas. Defendiendo ahora una teoría conspirativa, consiguen que no se las ningunee. Piensan que por fin se las va a tomar en serio. Pero a menudo consiguen el efecto contrario. Otra razón podría ser que uno no puede reconciliarse con la incertidumbre vital. Entonces piensa: «La pandemia no debería darse. Pero si se da, alguien ha de tener la culpa. Y es preciso castigar a los culpables para que cese la pandemia».

Pero también el partidario de vacunarse tiene sus miedos. Teme que la pandemia se vaya extendiendo cada vez más, que lo alcance personalmente a él. Y quisiera protegerse. Si entablo una conversación con mis amigos sobre los miedos, les presto atención, sigo preguntando, sin enjuiciarlos y sin querer convencerlos de mi opinión. Entonces la conversación adquiere un tono distinto. No hay aún garantía alguna de que nos volvamos a entender como antes. Pero aumenta de nuevo el respeto mutuo. Nos escuchamos unos a otros. Y entonces, a pesar de nuestras distintas opiniones, podemos reafirmarnos en nuestra amistad y seguir viviéndola, sin tener que excluir por completo el tema. No estaremos tratándolo continuamente, sino que nos implicaremos cada vez más en lo que nos une. Pero ese tema ya no nos divide. Podemos seguir viviendo juntos en reconciliación.

Reconciliación en el trabajo

Al acompañar a directivos de empresas, instituciones o asociaciones, me doy cuenta una y otra vez de las divisiones existentes. Por ejemplo, en una empresa hay diversos grupos peleándose entre sí. Tienen intereses distintos de los de la empresa en conjunto. Y hay directivos que congregan personas en torno a sí para que estén de su parte y los apoyen. Pretenden un poder interior, para imponer sus intereses. Hay jefes que dividen a la empresa porque ellos mismos están divididos. Tienen la capacidad de reunir seguidores y admiradores en torno a sí. Pero a otros no llegan. Entonces aprovechan la fascinación de sus admiradores para utilizarla en favor de sus propios fines. A menudo la gente ni lo nota. El jefe los adula para ligarlos a sí. Pero tales agrupamientos en torno a un jefe dividido en sí dividen también a la empresa. Yo conozco una gran empresa dirigida por dos hermanas que son enemigas acérrimas entre sí. Cada hermana trata de atraer a su bando a determinadas personas. En definitiva, la división no hace ningún bien a la empresa. La rivalidad y enemistad entre las dos directivas dilapida mucha energía.

No es fácil liquidar el enfrentamiento en una empresa o en una asociación y reconciliar a los grupos enemistados. A veces, esos grupos ni siquiera se dirigen la palabra. Solo se dan conversaciones en el seno del propio grupo y se fomenta una imagen de enemistad. El departamento de producción crea una imagen hostil del departamento de distribución, y a la inversa. Con frecuencia no basta con hablar de forma objetiva sobre la diversidad de intereses para encontrar un compromiso entre esos intereses. Esto se debe a que el desacuerdo suele ser más profundo. Es natural que siempre surja cierta tensión entre administración y ventas, entre la producción y la distribución. Pero hablar de ello puede hacer que esa tensión sea fructífera para ambos grupos.

Si la irreconciliación es más profunda, si las heridas o intrigas personales dividen los grupos, se necesita un largo proceso de reconciliación. Muchas veces se requiere un entrenador o facilitador externo, que en las conversaciones va sacando cuáles son los auténticos problemas. En empresas familiares suelen ser los padres quienes han enfrentado a los hijos entre sí. Se hace patente en la irreconciliable incompatibilidad de los directivos, que proceden de la línea de hermanos. A veces uno de los hermanos tiene la sensación de que el otro es pasivo y no se implica. Se siente explotado. Pero ese hermano bloquea las conversaciones. Queda claro que está mezclando viejos problemas familiares en la política de la empresa. Usa argumentos objetivos para esos bloqueos frente a su hermano. Sin embargo, en realidad siente que el padre no lo valora de la misma manera que a su hermano mayor o menor. Entonces es como vengarse en el hermano por no haber recibido del padre lo que hubiera deseado.

A veces con la mediación se produce una reconciliación con excesiva rapidez. Pero si sucede muy pronto, no va a durar. Piensan que ya se entienden. Pero poco tiempo después vuelven a presentarse otra vez los antiguos conflictos, porque se fundan en experiencias profundas de enemistad mutua. Por eso se necesita un trabajo de memoria. Los hermanos o hermanas enfrentados, los directivos empresariales enfrentados, deberían recordar lo que llevó a esa división o enemistad. Richard von Weizsäcker ha reclamado ese trabajo de memoria sobre todo para hacer posible la reconciliación en la sociedad. Dice: «Pero quien cierra los ojos al pasado se vuelve ciego para el presente». Y cita la sentencia judía: «La voluntad de olvido prolonga el exilio, y el secreto de la redención es la memoria»[2]. Solo si se mira al pasado de los hermanos o al pasado de la empresa puede uno caminar hacia el futuro con nueva claridad. Si el pasado no se pone al descubierto y se trae a la memoria, sigue habiendo como un velo gris

---

[2] Richard VON WEIZSÄCKER, «Der 8. Mai 1945», en *Deutsche Reden von Luther bis zur Gegenwart*, ed. de Gert Ueding, Frankfurt 1999, 274s.

sobre la empresa. Y nadie sabe realmente de qué se trata ni por qué no se entienden entre sí los diversos grupos o directivos.

A menudo se produce división en una empresa cuando es adquirida por un inversor extranjero o por otra empresa. Puede pasar entonces que quienes hasta el momento estaban entregados a la empresa y representaban su cultura empresarial sean despedidos y en cambio se prefiera a quienes se acomodan a la nueva dirección. Se pierde la cohesión en la empresa. Los trabajadores dedicados se esfuerzan vanamente en su empeño por preservar la antigua cultura e identidad de la empresa. Los nuevos propietarios quieren cambiar todo sin mostrar aprecio por lo que la empresa había conseguido. Cambiar algo implica siempre también un juicio de valor sobre lo que había hasta ahora. La transformación da otro aspecto.

Toda empresa tiene que cambiar de tiempo en tiempo, porque las circunstancias exteriores y el entorno de la empresa han cambiado. Pero transformarse no significa que la empresa se tiene que convertir en otra muy distinta, sino que se desarrolle cada vez más hacia su auténtica figura, hacia su fortaleza original. Pero no solo el cambio, sino también la transformación de una empresa provoca miedos y resistencias. Si la nueva dirección pasa por alto esos miedos y resistencias y despide a todos los que se resisten a la nueva filosofía, seguro que la nueva empresa no va a ser mejor. Reconciliarse significa que los nuevos propietarios escuchen bien a los empleados, especialmente a los más comprometidos, y tomen en serio sus miedos y su oposición. Es importante que pregunten por los motivos de la oposición. Porque la oposición de los empleados tiene siempre un sentido. Pretende decir o que los nuevos directivos han pasado algo por alto, o que no conocen la empresa lo suficiente. O bien expresa que quieren cambiar la empresa con excesiva rapidez y han mostrado poco aprecio por los empleados. Naturalmente, hay también empleados que se dedican solo a obstruir, porque no están dispuestos a afrontar una transformación de la empresa, sino que quieren mantenerse en lo de antes. Pero siempre sirve de ayuda prestar buena atención a las resistencias y entrar en conversación con quienes se resisten. Se puede encontrar entonces una vía común hacia el futuro que puedan emprender también el mayor número posible de los antiguos empleados.

Reconciliación entre hermanos en la fe

En la historia ha habido durante siglos muchas situaciones sin reconciliación entre las distintas confesiones religiosas. Se ha necesitado mucho tiempo para que las confesiones enemistadas se fueran acercando unas a otras. Hoy experimentamos divisiones dentro de las Iglesias. Con frecuencia se trata de disputas dogmáticas, de querer tener razón. ¿Quién es el que mantiene la fe verdadera? ¿Quién tergiversa la fe? ¿En qué medida los distintos grupos se amoldan demasiado al espíritu de la época? Las divisiones causadas por corrientes teológicas o espirituales diferentes provienen muchas veces del miedo. Son cristianos que han olvidado las palabras de Jesús en respuesta a los discípulos enfadados con el que hacía milagros sin ser de ellos: «No se lo impidáis. Quien no está contra vosotros está a favor vuestro» (Lc 9,50). Temen que si uno interpreta el evangelio de forma algo distinta de como ellos están acostumbrados, es por haberse apartado de la fe recta. Es la estrechez mental, por tanto, la que lleva a esas divisiones.

Asombra que sea precisamente la fe lo que lleve a esas peleas tan encarnizadas. Algunos cristianos se atienen firmemente a la letra en lugar de confiar en el espíritu de Jesús. A menudo los temas que pasan a primer plano son secundarios. Cuando di una conferencia ante teólogos metodistas, me contaron que también la Iglesia metodista corre peligro de escindirse, a causa de la postura respecto a la homosexualidad. Seguramente se pueden tener opiniones distintas a ese respecto. Pero si este tema lleva a una escisión, se da uno cuenta de cuánto nos hemos alejado del espíritu de Jesús.

Esta tendencia a chocar y dividirse por tales temas marginales se da también en la Iglesia católica, por ejemplo por la cuestión de comulgar en la boca o en la mano, por la cuestión de la celebración eucarística con participación de miembros de otras confesiones o por la cuestión de cuál es el canon eucarístico que el sacerdote debe recitar. La actitud irreconciliable no solo se da entre los conservadores, sino también entre los progresistas. Determinan lo que el sacerdote debe decir en la misa y lo que no, sopesando cada palabra. Toda radicalidad produce división. La radicalidad tiene que ver con un deficiente arraigo en la fe. Como uno carece de raíces, *radices*, hay que radicalizarse.

Personas comprometidas eclesialmente, como párrocos, agentes de pastoral y delegados de la comunidad, comentan lo difícil que suele resultar en las parroquias poner a dialogar entre sí a personas procedentes de corrientes espirituales y teológicas diversas. Son demasiado firmes las posiciones contrapuestas. Uno se aferra a su opinión y cree ser así obediente a Dios. En la Iglesia, el peligro es que aferrarse a la ortodoxia dogmática lleva a atrincheramientos dogmáticos. El cometido de los dogmas es mantener abierto el misterio. Pero el misterio es siempre mayor que la afirmación que podemos hacer sobre Dios. Algunos psicólogos de la religión han constatado que, en particular, los grupos con fuerte impronta ascética son especialmente intolerantes frente a otras personas. Está claro que reprimir los propios instintos lleva con frecuencia a la represión de las personas que piensan de otra manera y viven de otra manera.

Ya los monjes primitivos sabían en el siglo IV que «todo exceso es del demonio». Lo que importa es el punto medio. Encontrar el punto medio no significa vivir en la mediocridad, sino en la sabiduría y mansedumbre, en la holgura y libertad. Quien está en el punto medio puede dirigirse a cualquier otro ser humano, también a quien está en el extremo derecho o en el izquierdo. El punto medio vincula ambos polos. Quien no tiene centro se inclina en una dirección y tiene que combatir la otra.

Aquí solo es posible una reconciliación pasando del plano puramente racional del tener razón al plano de la experiencia. ¿Qué experiencia se esconde tras ese aferrarse a formas conservadoras? ¿Por qué necesita esta persona esa forma conservadora rigurosa? ¿Acaso es para ella un asidero necesario para no hundirse, para no perder la orientación en medio de la desorientación de nuestra época? ¿O se trata del miedo a no hacerlo bien frente a Dios?

Es preciso respetar la experiencia oculta tras la rigidez de una opinión.

Muchas veces algunos cristianos más bien conservadores han tenido experiencias satisfactorias con las antiguas formas litúrgicas, con las devociones y procesiones. Temen que los cristianos progresistas ridiculicen esas experiencias que los han fortalecido en la fe. Por eso los cristianos más progresistas no deben despreciar, ni mucho menos ridiculizar, tales experiencias, sino estimarlas. La tarea sería mostrar a los cristianos más conservadores que también formas más modernas de espiritualidad y de liturgia pueden llevar a una experiencia honda de Dios. Si mostramos respeto a los cristianos que viven otras formas de espiritualidad, surge una convivencia reconciliada. En el debate ecuménico se habla de diversidad reconciliada. Esto vale no solo para la reconciliación entre confesiones, sino también para la reconciliación en el seno de las Iglesias y comunidades eclesiales.

La división en la Iglesia no proviene solo de los distintos agrupamientos internos de la Iglesia, sino a menudo también de arriba, del obispo. Si el obispo mantiene que únicamente él representa la teología correcta, una teología que la Iglesia no está autorizada a cambiar, la división surge desde arriba. Los sacerdotes y los voluntarios, que están dedicados a una comunidad parroquial viva, se sienten frenados en su empeño de cambio y renovación. Si un obispo prohíbe en su diócesis las celebraciones de la Palabra, paraliza a las comunidades que, incluso cuando no hay sacerdote para celebrar la eucaristía, se proponen reunirse para orar juntos y para celebraciones creativas de la Palabra. La decepción al sentirse incomprendidos por el obispo en su compromiso eclesial lleva con frecuencia a la retirada de los voluntarios. En lugar de refugiarse tras posturas basadas en argumentos dogmáticos, sería bueno escuchar a los fieles que tienen un compromiso de base con la Iglesia. Pero quien piensa que únicamente él tiene razón con su teología no considera necesario escuchar a las personas de base. Su interés está en mantenerse en la antigua Iglesia y así preservar la unidad. Sin embargo, el efecto que produce es justo el contrario: divide por no escuchar a los que piensan de otra forma. La reconciliación solo se logra a través de una escucha del otro carente de prejuicios y de un diálogo sincero entre unos y otros, en el que juntos se esfuercen por un mejor futuro de la Iglesia.

Reconciliación intergeneracional

En la comunidad monástica experimentamos que una buena mezcla de viejos y jóvenes cohesiona a la comunidad. Si los compañeros jóvenes solo se relacionan entre sí, se da con más facilidad la rivalidad. Si los compañeros mayores solo se relacionan entre sí, con frecuencia falta vitalidad. Pero tanto en la comunidad monástica como en el resto de la sociedad y en las empresas pasa a menudo que unas generaciones condenan a las otras, las rechazan o incluso las combaten. Esta lucha de la generación joven contra los viejos se manifestó en Alemania con máxima claridad en el movimiento de mayo del 68. Los jóvenes que protestaban tenían la impresión de que los mayores habían relegado el pasado nazi y se concentraban solo en el milagro de la economía. Y seguían aferrados a los viejos hábitos. El lema del movimiento estudiantil de protesta era «Bajo las togas, el moho de mil años». Así se rebelaban contra la vieja generación. La tensión intergeneracional aflora una y otra vez en la historia, unas veces con más fuerza y otras con menos. Hay una sana tensión que mantiene viva a la sociedad y la preserva del anquilosamiento. Pero también hay tensiones que causan división en la sociedad.

El conflicto entre generaciones suele estar fundado muchas veces en el miedo. La generación mayor tiene miedo a perder el mando, a tener que renunciar a su poder, y miedo a nuevas formas que le hagan sentirse insegura. La generación joven tiene miedo de que su opinión no cuente, de no conseguir nada contra la sociedad establecida, de que la vida en torno suyo esté anquilosada.

Otro motivo para el conflicto intergeneracional es la diferencia de sus culturas vitales. Los viejos no comprenden el modo de vida de los jóvenes, y viceversa. Es un conflicto que a menudo produce un rechazo mutuo y la minusvaloración de la otra generación. Se establecen prejuicios, como que los jóvenes son, simplemente, egoístas y solo piensan en sus propias necesidades, o que los mayores solo se aferran a lo viejo porque quieren consolidar su poder. En el mundo de las empresas tengo la frecuente experiencia de que los empleados veteranos en torno a los cincuenta años están decepcionados de los empleados jóvenes, muy pendientes de reservar tiempo suficiente para la familia o para sus intereses privados. Los jóvenes acusan a los empleados mayores de trabajar sin descanso y de vivir para trabajar. También aquí es preciso escucharse bien unos a otros y buscar caminos que funcionen tanto para los empleados mayores como para los jóvenes.

Para que pueda producirse reconciliación entre las generaciones, se requiere abrirse a prestar atención a las voces de viejos y jóvenes, sin pasar enseguida a juzgarlas. La reconciliación solo se conseguirá si cada generación afronta sus propios miedos. Cuando uno aborda su miedo, se vuelve capaz de mirar el conflicto sin tener que estar continuamente justificándose ni combatiendo al otro. Se requiere estar dispuesto a dejar que el otro cuestione nuestra visión y a escuchar atentamente lo que mueve a la otra generación.

A menudo notamos que los abuelos se pueden llevar bien con sus nietos. Los nietos quieren a sus abuelos. Lo mismo puede decirse también del conflicto generacional en la sociedad, en la Iglesia y en la empresa. Las personas mayores suelen entenderse con los jóvenes, con la generación de sus nietos. La mayoría de los conflictos se dan entre generaciones inmediatamente sucesivas, no solo entre padres e hijos en la familia, sino entre los padres y los hijos o hijas en la empresa, o entre madres e hijas en la Iglesia. Dos generaciones que tienen distintos intereses. Y la rebelión que tiene lugar dentro de la familia se transfiere a la sociedad.

La reconciliación entre generaciones solo se logra si los mayores y los jóvenes no hacen valoraciones mutuas, sino que se prestan atención con apertura a lo que cada generación tiene que decir, a su manera de entender la vida y a los deseos que abriga. La reconciliación requiere la sinceridad de mirar de frente a los miedos y necesidades propios que se ocultan bajo nuestra opinión y nuestra concepción vital. Solo si los mayores y los jóvenes afrontan sus propios miedos y anhelos se vuelven capaces de hablar abiertamente unos con otros. Tanto los jóvenes como los ancianos se darán cuenta entonces de cuántos prejuicios suelen tener metidos en la cabeza sobre la otra generación. Hay que soltar esos prejuicios. Aquel tiempo de mayo del 68, muchos profesores universitarios lo vivieron como un tiempo de tiranía, porque los jóvenes que protestaban les quitaron la palabra sin más. A la inversa, puede llegarse también a una tiranía de los ancianos, como vemos por ejemplo en Irán. Los estudiantes protestan, pero nada consiguen contra el poder de los viejos líderes espirituales, que se mantienen firmes en sus antiguas concepciones y las defienden con violencia. Lo mismo pasa en muchas dictaduras, en Rusia, en Turquía, en los países árabes. Si la sociedad no escucha a los jóvenes, se escindirá, causando una parálisis social y también, con demasiada frecuencia, una catástrofe económica.

El sociólogo Steffen Mau opina que el conflicto generacional tal como lo pintan en algunos medios no existe hoy. La imagen que difunden los medios viene a ser: los jóvenes progresistas quieren cambiar la sociedad; los viejos conservadores quieren impedir el cambio. Steffen Mau lo ha investigado y llega a un resultado no tan nítido. Como ejemplo menciona el tema «género». «Puede que en las redacciones de prensa los menores de treinta años usen el lenguaje inclusivo, mientras que los mayores de cuarenta más bien no. Pero en el conjunto de la población no se aprecia esto. El lenguaje con perspectiva de género es rechazado mayoritariamente a un nivel similar en todos los grupos de edad. No obstante, el conflicto generacional se considera real porque existe en ambientes orientados al texto, como el periodismo, y se desarrolla públicamente»[3]. Por supuesto que hay constantes tensiones entre generaciones. Eso mantiene viva la sociedad. Pero los conflictos no se deben considerar tan absolutos como los presentan en algunos medios. Hoy, pues, se da, sin duda, una voluntad de reconciliación en los conflictos. Mi propósito –como anciano que soy– es reforzar con este libro lo que resulta reconciliador entre generaciones, en lugar de ponerlo en cuestión.

La reconciliación en la sociedad

Empatizar en lugar de hacer valoraciones

Muchos periodistas hablan hoy de una sociedad dividida. Los titulares advierten de que cada vez se hacen más profundas las brechas entre las diversas corrientes de la sociedad. Es decir, que se ahondan las brechas entre la ciudad y el campo, entre viejos y jóvenes, entre el este y el oeste, entre norte y sur, entre varón y mujer, entre ricos y pobres. Hay también brechas entre adversarios y partidarios de la vacunación, entre quienes quieren proporcionar un nuevo hogar a los refugiados y quienes temen una extranjerización y por ello rechazan a los refugiados, entre los que abogan por que las madres permanezcan en casa más tiempo con sus niños y los que quieren que se reincorporen al trabajo normal lo antes posible tras el parto. Si se ha de creer a los medios, las opiniones enfrentadas son tan irreconciliables que apenas es posible ya un diálogo razonable y objetivo.

3 AGARWALA y SCHOLZ, *op. cit.* (nota 7 a la introducción), 29.

Las investigaciones empíricas de los sociólogos y otros científicos muestran una imagen más esperanzadora de la sociedad. Por ejemplo, en cuanto a la división este-oeste en Alemania. Mau piensa que «el potente foco mediático sobre sectores que protestan en Sajonia sugiere una diferencia mayor que la que realmente existe»[4]. Hay divisiones y conflictos, pero se da al mismo tiempo la esperanza de que las diferencias y conflictos se vayan aminorando. Por eso se requiere también mostrar a personas del este y del oeste que piensan de modo similar. Y se requiere la voluntad de comprender a la gente que piensa distinto. Mau constata que en el este sienten como una ofensa que «la identidad de los alemanes orientales sea irrelevante para los occidentales». Importa empatizar con la mentalidad de otros grupos sociales, en lugar de hacer valoraciones. E importa el respeto a todos los sectores en el seno de la sociedad. Cuando un grupo tiene la sensación de no ser escuchado, fácilmente se llega a una división.

El miedo a otras opiniones

Los psicólogos hablan de que los seres humanos han de aprender a lidiar con la ambigüedad, la diversidad de las opiniones. Mucha gente querría respuestas nítidas, contundentes. Pero la vida se realiza siempre en la ambigüedad, en la incertidumbre y equivocidad, entre contradicciones. No existe, sin más, negro y blanco, verdadero y falso; hay muchos tonos intermedios.

---

4 *Ibid.*

Ese miedo a la ambigüedad deriva fácilmente en el convencimiento de algunas personas de que sería mejor no dar siquiera la palabra a gente con opiniones presuntamente distintas. No se presta atención a lo que dice, sino que se clasifica de inmediato a la persona dentro de un grupo, y mejor en un grupo al que se rechaza por entero. Por eso, determinadas opiniones ni siquiera son escuchadas, porque sus defensores son colocados al momento en el ala derecha o la izquierda. Y entonces esa persona no tiene ya oportunidad para presentar razonablemente su opinión. Está etiquetada de antemano como «del eterno ayer», «buscapleitos», «ultraconservador», o bien como majareta progresista o soñador ilusorio. Y eso lleva a la división. Una sociedad sana puede vivir con opiniones diversas.

Un hombre, miembro de una asociación cultural ruso-alemana, me contó que, por sus esfuerzos en favor de una reconciliación hoy, estaba estigmatizado como colaboracionista. El tener amistad con rusos queda marcado de inmediato como algo malo, sin diferenciar entre la política del Gobierno ruso y la gente rusa. A una profesora de Biología le anularon la invitación a la Universidad Humboldt porque iba a hablar de la investigación biológica, que en biología se basa en solo dos sexos. Se tiene miedo a una opinión distinta y no se quiere ni escuchar. Por eso los sociólogos hablan de que hoy necesitamos urgentemente una tolerancia a la ambigüedad, o a la inseguridad, o a la incertidumbre. La tolerancia consiste en reconocer las contradicciones y diversidades culturales sin reaccionar agresivamente contra ellas. Sin esa tolerancia a la ambigüedad, surge una mentalidad de «blanco o negro», una lucha entre las diferentes opiniones y culturas vitales. No se aguanta la tensión y la inseguridad, sino que uno defiende con violencia su propia opinión, muchas veces bastante unilateral.

Si preguntamos por los motivos de que la gente tenga miedo a la ambigüedad, miedo a la diversidad de opiniones, a menudo descubrimos detrás una autoestima escasa. Se tiene miedo a afrontar una opinión distinta, porque entonces podría uno perder el suelo bajo los pies. Y como uno tiene muy poca confianza en su propia percepción de la verdad y de la realidad, debe esconderse tras una opinión preconcebida. O bien pelea contra la opinión que le causa miedo, para no tener que afrontar ese miedo.

Otro motivo para que haya frentes tan endurecidos es la falta de memoria del pasado. Richard von Weizsäcker piensa que no podemos reelaborar el pasado, no podemos hacer que no haya sucedido. Y a la vez está convencido de que «Quien cierra los ojos al pasado se vuelve ciego para el presente. Quien no quiere recordar la inhumanidad se hace vulnerable para nuevos episodios de infección»[5].

Estamos viviendo ahora que está pasando algo similar a los comienzos de la época hitleriana. Se afirman cosas imposibles de probar. Hay quienes difunden la falsa noticia de que una iglesia ha sido convertida en mezquita y de que unos padres musulmanes han conseguido imponer la prohibición de la carne de cerdo en los comedores escolares. Son mensajes que se difunden luego por las redes sociales. Hacen que uno se sienta víctima de poderes extranjeros. Y por eso combate a todos los que tienen una mentalidad más abierta y liberal o sus raíces en una cultura distinta. Son tendencias similares a las que

---

[5] WEIZSÄCKER, *op. cit.*, 274.

pudimos observar en los años 30. Weizsäcker dice: «Los jóvenes no son responsables de lo que sucedió entonces. Pero sí son responsables de lo que a partir de ahí pasa en la historia»[6]. El miedo al extranjero lleva a demonizarlo. Y eso provoca división. Sería la ocasión para reconocer en los extranjeros lo que hay de extraño en uno mismo y reconciliarse con lo extraño y desconocido que llevamos dentro. Y entonces puedo proceder de forma más reconciliada con las personas que llegan desde otras culturas.

Si en una sociedad va en aumento la reconciliación o la división, no depende solo de los diversos partidos o sectores sociales, sino también de cada individuo. No estamos impotentes ante las tendencias divisorias de la sociedad.

El diálogo crea comunidad

Todos podemos contribuir a la reconciliación, sobre todo con nuestro lenguaje. El lenguaje nos revela, nos dice la Biblia. Nuestro modo de hablar es divisorio o reconciliador, es condenatorio o comprensivo. Puede servir para unir a la gente, pero también para dividirla. Un lenguaje valorativo divide. Por eso es importante que al hablar tengamos en cuenta cómo hablamos de otros y para otros.

Hoy se parlotea mucho. Pero, como dicen en alemán, si solo hablamos, se convierte en parloteo. Un diálogo solamente surge si conversamos. *Sprechen* [conversar] viene de *bersten* [abrirse], y significa siempre un hablar personal, un conversar que nace del corazón. Un diálogo

---

[6] *Ibid.*, 275.

crea siempre comunidad, une a las personas entre sí. En cambio, con mucha frecuencia el parloteo crea división.

Cuando hay actores, deportistas u otras celebridades que se expresan públicamente sobre temas debatidos, ocurre ordinariamente que en la red los ponen en la picota por ello. Su opinión se destroza con palabras agresivas e incluso brutales. Los iracundos comentaristas no suelen estar dispuestos a escuchar lo que piensan realmente y lo que vale la pena considerar en su opinión. En vez de ello se les envuelve en un alud de comentarios injuriosos y en parte también llenos de odio.

La Biblia nos muestra cómo la lengua puede ser causa de división y cómo puede reconciliar. En el relato de la torre de Babel se dice que Dios confundió las lenguas humanas para que las gentes no pudieran entenderse (Gn 11,1-9). Lo cual llevó a que ya no pudieran llevar a cabo su proyecto común de levantar una torre elevada. «Por eso se llama Babel [confusión], porque allí confundió el Señor la lengua de toda la tierra, y desde allí los dispersó por la superficie de la tierra» (Gn 11,9). A veces tenemos la sensación de vivir en un tiempo confuso. Porque hablamos prescindiendo de los otros y ya no entendemos la lengua ajena. Si ya no podemos hablar unos con otros, tampoco puede darse una buena convivencia social. Lo que hay entonces es disensión y hostilidad. Nos lo dejan muy claro los primeros capítulos del Génesis. Pero Dios hizo surgir un modelo contrario: el día de Pentecostés envió al Espíritu Santo, que descendió sobre los discípulos como lenguas de fuego. Las lenguas de fuego son imagen de una lengua que da calor, de la que salta una chispa. Y de pronto los discípulos pudieron hablar de tal manera que todos los entendían. La gente se admiraba y preguntaba: «¿No son galileos todos los que hablan? ¿Pues cómo los oímos cada uno en nuestra lengua nativa?» (Hch 2,7s).

Esa lengua necesitaríamos hoy de nuevo. Cierto que la mayoría de la gente puede entenderse hoy por el mundo en inglés. Pero, con frecuencia, dentro de una misma sociedad hablamos una lengua que no vincula, que los otros no entienden. Hay diversos grupos que tienen como un idioma para iniciados, ininteligible ya fuera del grupo. Y hablamos una lengua siempre condenatoria, que divide a las personas.

Es responsabilidad nuestra prestar atención al lenguaje. Los Padres de la Iglesia dicen: «Con la lengua construimos una casa». Deberíamos construir con nuestra lengua una donde todos se sintiesen en casa, se sintiesen comprendidos, y no una casa donde las personas se sientan a disgusto y se recluyan, por tanto, entre sus propias cuatro paredes, sin preocuparse ya de los demás.

Reconciliación entre los pueblos

Durante siglos reinó la enemistad entre Francia y Alemania. Una enemistad agudizada por la guerra franco-alemana de 1870-1871 y luego por las dos guerras mundiales. Pero después de la segunda, los representantes de ambos Estados, Charles de Gaulle y Konrad Adenauer, lograron poner en marcha un proceso de reconciliación entre los dos pueblos, que desde entonces ha llevado a muchos lazos de amistad. Programas de intercambio escolar y hermanamientos entre ciudades francesas y alemanas promovieron reconciliación y crearon una paz duradera entre Alemania y Francia.

También la relación con los países a los que Alemania había infligido graves injusticias durante el dominio nazi –Polonia, Chequia y Hungría– fue mejorando cada vez más después de la Segunda Guerra Mundial. Asimismo la relación entre alemanes y rusos se volvió más amistosa al final del siglo XX por los intercambios económicos y culturales. Lástima que esa buena relación entre muchos alemanes y rusos esté ahora cuestionada o al menos dificultada por la guerra de Ucrania. Tras la caída del telón de acero cundió la esperanza de que cobrase cada vez mayor fuerza la reconciliación entre el Este y el Oeste. Esa expectativa se ha vuelto a alejar mucho desde el comienzo de la guerra de Ucrania. Tampoco se ha cumplido en la relación con China la esperanza de un «cambio mediante el comercio». Ciertamente, han aumentado mientras tanto muchas relaciones humanas. Pero los Gobiernos de Rusia y China sabotean esas buenas relaciones al practicar una política cada vez más dictatorial.

Aun con todos los intentos políticos de crear reconciliación entre los pueblos, nos damos cuenta en cada pueblo de que de pronto emergen viejos resentimientos. La amistad entre Alemania e Israel es saboteada una y otra vez por manifestaciones antisemitas. En Francia afloran continuamente prejuicios antialemanes, y en Alemania, viejas opiniones sobre los franceses. Cuando mi hermana se inscribió hace unos treinta años en un curso de idiomas en Italia, un inglés se negó a participar en ese curso con una alemana. Solo el claro voto de la directora italiana del curso posibilitó que se matriculasen ambos, aun cuando el inglés evitó en adelante todo contacto con mi hermana. Cuando estuve en Holanda dando conferencias, mi anfitrión holandés me llevó en mi coche a la localidad siguiente. Ocurrió que un coche nos estuvo adelantando constantemente para luego dar un frenazo delante de nosotros. Sucedió varias veces. Mi anfitrión holandés se disculpó y dijo que por desgracia había jóvenes holandeses que querían manifestar de ese modo su agresividad contra los alemanes.

El proceso de reconciliación necesita, evidentemente, mucho tiempo. No basta con un acuerdo exterior de reconciliación. La tendencia a dejar relegado el pasado es grande. Lleva una y otra vez a que bajo la superficie de una reconciliación exterior emerjan viejos prejuicios y resentimientos. Con frecuencia, la historia ha quedado hondamente grabada en el corazón de las personas, sin que sean conscientes de ello. Si miramos a Polonia o a Ucrania, ambos pueblos han vivido una historia muy agitada. Han tenido que soportar varias veces el dominio extranjero, buscando trabajosamente su propia identidad. Por eso, en ambos países está continuamente aflorando el miedo al peligro. Los húngaros padecieron mucho tiempo los ataques turcos. Si ahora de pronto llegan a su país muchos refugiados procedentes de países musulmanes, vuelven a suscitarse los antiguos temores a las amenazas y a la dominación turca. Si consideramos y juzgamos a los húngaros al margen de su historia, estamos cometiendo una injusticia con ellos. En preciso entender a los pueblos junto con su historia y desde su historia.

Un misionero que ha trabajado mucho tiempo en China me contó que para los chinos el pasado está siempre presente. No pueden olvidar. Las dolorosas experiencias de la guerra de los bóxers (1899-1901), cuando ocho potencias occidentales, incluyendo el Imperio alemán, derrotaron a las tropas imperiales chinas y las milicias de los bóxers, siguen estando presentes en el pensamiento chino. No podemos entender a los chinos al margen de su historia. No solo es tarea de los chinos reconciliarse con su historia. Es también tarea de las potencias occidentales reevaluar su historia con China. El reprocesamiento puede lograrse de momento con una investigación precisa del pasado, pero luego también mediante ritos de reconciliación entre los pueblos, para que las heridas del pasado dejen de condicionar el pensamiento y la acción de hoy. El apretón de manos entre De Gaulle y Adenauer, o la caída de rodillas de Willy Brandt ante el monumento a las víctimas en Varsovia, fueron ritos así, que han quedado más grabados que las palabras pronunciadas.

En Ruanda (África), los extremistas hutus hicieron en 1994 un llamamiento al exterminio de la minoría tutsi. Comenzó una masacre brutal. En cien días, miembros de la mayoría hutu asesinaron al 75 % de los tutsis, estimándose en un millón las personas asesinadas. Occidente lo contempló pasivamente. Desde entonces, sobre todo las Iglesias cristianas han tratado de hacer una tarea de reconciliación entre las diferentes tribus. Ofrecen cursos para tutsis y hutus en los que se narran mutuamente sus experiencias y luego practican en pequeño grupo ritos de reconciliación. Se ha realizado ya mucho trabajo de reconciliación. Con todo, las dolorosas experiencias siguen estando en la memoria de los ruandeses. Se necesitará mucho tiempo para reevaluar el pasado de modo que la vida actual en ese país no siga ya condicionada, sino que se posibiliten nuevas vías de convivencia. No tenemos ninguna garantía de que en algún momento los actos de violencia reprimidos no vuelvan a emerger del inconsciente y conduzcan a nuevos excesos.

Sobre todo en mis desplazamientos como conferenciante a Polonia y Chequia, a Eslovenia y Croacia, pude comprobar una y otra vez que la reconciliación es posible. Siendo yo un monje alemán, era bonito ver cómo los oyentes de allí no tenían prejuicio alguno contra los alemanes, sino que me escuchaban a gusto. Con todo, para mí era importante no presentarme como un sabihondo, sino anunciar humildemente el mensaje cristiano y mostrar aprecio a las personas que habían vivido su fe en esos países bajo el dominio comunista. Escucharnos unos a otros y conversar unos con otros nos une mutuamente y salva todas las brechas antiguas creadas en las últimas guerras mundiales.

Una vez tuve una conferencia en una iglesia de Cracovia y, tras ella, me vino una anciana señora acompañada por una joven estudiante. La joven me dijo en alemán: «A la señora le gustaría darle un abrazo». Cuando nos abrazamos, barrunté que esa mujer había sufrido muchas calamidades por parte de los alemanes. Pero a la vez sentí, agradecido, cómo la reconciliación es posible. Aquel abrazo me conmovió profundamente.

Entretanto se está dando mucho diálogo entre los pueblos. Tanto más importante es que nosotros, los alemanes, haciendo memoria de las injusticias cometidas por nuestros antecesores, vayamos con humildad al encuentro de los habitantes de esos países. La antigua injusticia se irá transformando así cada vez más a base de nuevos encuentros honestos y cordiales.

Cuando se celebran seminarios para directivos, cobro conciencia de que justamente las empresas tienen en nuestro tiempo de globalización una importante tarea en la reconciliación entre pueblos. Pues en las empresas grandes trabajan personas de diversos pueblos y culturas. Si la empresa logra crear un clima de confianza, en el que empleados de todas las culturas se sientan aceptados y trabajen bien juntos, está haciendo una importante contribución a la reconciliación. Cuanto mejor se conocen las personas de distintas culturas, más prejuicios mutuos se desmontan. Pero también es importante que se tome en consideración la diversidad en el comportamiento y en la concepción vital, que todas las personas se sientan atendidas con su cuño cultural. Aun con tanta diversidad, lo que importa es trabajar y vivir bien juntos. Que esto no se consigue sin dificultades y conflictos, lo experimentan muchas empresas. Y, sin embargo, merece la pena esforzarse una y otra vez por la reconciliación de las diversas personas y culturas. No se da entonces una reconciliación exterior meramente formal, sino que la reconciliación es cada vez más profunda, desterrando de las cabezas los viejos pensamientos y prejuicios hostiles.

Como nuestra sociedad es multicultural, es también una tarea importante reconciliar entre sí a las gentes de las diversas culturas. No solo los políticos, sino todos aquellos que tienen responsabilidades en la sociedad y, en última instancia, todos los ciudadanos, deben trabajar por esta reconciliación. Porque es importante que en la vida cotidiana se desarrollen la comprensión y el respeto mutuos. Todos pueden contribuir a esa reconciliación entre los pueblos mediante un trato amigable y correcto con personas de otras culturas y usando un lenguaje reconciliador en lugar de provocar división social con sus palabras.

Reconciliación con la naturaleza

El cambio del clima nos muestra en toda su gravedad la necesidad de una reconciliación entre el hombre y la naturaleza. El capitalismo ha explotado sin pudor la naturaleza en las últimas décadas. Y tampoco los regímenes comunistas se han manejado bien con la naturaleza. La naturaleza ha sido tan solo una fuente de materias primas que se han extraído de ella. La economía, en definitiva, consideraba a la naturaleza como un enemigo al que había que imponerse. Pero ahora nos damos cuenta de que ese es un planteamiento erróneo. Si consideramos a la naturaleza como enemiga, nos devuelve los golpes. No puede aguantar ser explotada sin miramientos. Y se rebela contra ello, enviándonos temporadas de calor ardiente y de sequía, inundaciones, tornados.

A partir de la época de la industrialización, los cristianos han interpretado con frecuencia el mandato del primer relato de la creación en el sentido de un sometimiento: «¡Llenad la tierra y sometedla! ¡Dominad los peces del mar, las aves del cielo y todos los animales que se mueven sobre la tierra!» (Gn 1,28). Han desatendido el encargo de Dios al hombre en el segundo relato de la creación, donde se dice: «El Señor Dios tomó al hombre y lo colocó en el jardín de Edén, para que lo guardara y lo cultivara» (Gn 2,15). Sin embargo, ambos versículos están relacionados y se interpretan mutuamente. No se debe entender el primero como un llamamiento a la explotación, sino que el ser humano ha de dar forma a la tierra, como prosiguiendo la obra creadora de Dios. Y su tarea es cuidar y atender la tierra, tratarla con precaución y prudencia.

Nuestro cometido es volver a reconciliarnos con la naturaleza. La espiritualidad de los pueblos celtas y también de los amerindios nos ha enseñado esa vinculación profunda entre naturaleza y espiritualidad. La espiritualidad celta recalca que en cada planta, en cada animal y en cada ser humano hemos de captar la palabra eterna de Dios. Y concibe a Jesucristo no solo como el que nos redime de nuestros pecados, sino más bien como el enviado de Dios para llevar el mundo a su perfección. La tradición católica no ha negado esas formas de espiritualidad vinculada a la naturaleza, sino que las ha asumido en la espiritualidad cristiana, resignificándolas.

La vinculación interna entre hombre y naturaleza, entre hombres y animales, se expresa muy bien en el libro de Jonás, que tanto se enfada porque la planta de ricino había sido atacada por un gusano y ya no podía ofrecerle protección contra el sol: «Tú te apiadas de un ricino que no te ha costado cultivar, que una noche brota y otra perece, ¿y yo no voy a apiadarme de Nínive, la gran metrópoli, que habitan más de ciento veinte mil hombres que no distinguen la derecha de la izquierda, y muchísimo ganado?» (Jon 4,10s). Dios siente compasión, por tanto, de los hombres que andan perdidos, pero también del ganado, que padece junto con ellos.

La idea de que la naturaleza sufre junto con los seres humanos está expresada en el conocido pasaje de la Carta a los Romanos: «Con la esperanza de que esa creación se emanciparía de la esclavitud de la corrupción para obtener la libertad gloriosa de los hijos de Dios. Sabemos que hasta ahora la creación entera está gimiendo con dolores de parto» (Rom 8,21ss). La creación sufre bajo el pecado humano, bajo la conducta criminal que se plasma precisamente en la explotación de la naturaleza. La conversión de los seres humanos de la esclavitud de su propia codicia repercutirá también positivamente en la creación. Entonces quedará liberada para sí misma, para su gloria propia, para su forma auténtica.

La reconciliación con la naturaleza exige, por de pronto, que los humanos nos entendamos como parte de la naturaleza, que sintamos que estamos formados por el mismo polvo de estrellas que todo el cosmos. Lucas lo ha formulado en el famoso discurso del Areópago, cuando escribe: «De uno solo [en griego: *ex henòs*] formó toda la raza humana, para que poblase la superficie entera de la tierra» (Hch 17,26). A menudo traducen este pasaje en el sentido de que Dios creó todo el género humano a partir de un único hombre. Pero a Lucas no le interesa el monogenismo; no trata de subrayar que todos los humanos provienen de Adán. Hace referencia más bien a la filosofía griega, que habla de la unidad de todas las cosas. Desde Heráclito y Parménides existe una filosofía propia del *tò hén*, del «uno». Pues en la multiplicidad debe haber también el Uno, como fundamento de todo. Lucas, pues, quiere decir que estamos emparentados interiormente con la naturaleza, con la tierra, con las plantas y los animales.

Lo que importa es nuestra terrenalidad, que hemos de abrazar. Benito habla de la humildad: el término latino, *humilitas*, procede de *humus*, «tierra». La humildad es el valor de abajarse a la propia terrenalidad, de pisar con ambos pies en la tierra, en lugar de elevarnos sobre ella con nuestro intelecto. Es preciso aceptar humildemente que somos parte de la tierra, que la reconciliación con nosotros mismos es siempre a la vez reconciliación con la naturaleza, reconciliación con las plantas y los animales y con la naturaleza inanimada. En esto podemos aprender mucho de la espiritualidad de los amerindios. En un texto espiritual de una tribu india se dice: «La tierra vive y es lo mismo que nuestra madre. Pues si no existiera la tierra, no habría seres humanos. Los hombres son sus hijos y asimismo los animales. Ella atiende a todos y los cuida alimentándolos. Las piedras son sus huesos y el agua, su leche... Los animales son lo mismo que los seres humanos, tienen la misma sangre; son parientes»[1].

Hoy nos damos cuenta de que los llamamientos morales a un buen trato de la naturaleza no son lo bastante efectivos. Se necesita, por tanto, un fundamento espiritual de la reconciliación con la naturaleza. Los monjes primitivos hablaban de la mística de la naturaleza. Tenemos que descubrir en ella las huellas de Dios. Los Padres de la Iglesia griegos recalcan sobre todo la belleza de Dios, que se refleja en la belleza de la naturaleza. La palabra alemana *schön* [bello] viene de *schauen* [contemplar] y de *schonen* [respetar]. Al contemplar la belleza de la naturaleza y reconocer en ella a Dios como belleza primordial, tenemos un trato respetuoso con la creación.

Nuestra racionalidad nos ha hecho alejarnos mucho de la naturaleza. La razón quiere dominar y controlar todo. Necesitamos acceder al sentimiento, sintiéndonos uno con todo lo que es. Y necesitamos humildad para tratar a la naturaleza con cuidado y consideración.

La reconciliación con la naturaleza es el presupuesto para que las próximas generaciones y nosotros podamos vivir bien y a gusto sobre esta tierra.

---

[1] Guido KREPPOLD, *Die Indianer und das weiße Christentum*, Augsburg 1996, 41.

Reconciliación con Dios

Una condición para podernos reconciliar con otras personas es reconciliarnos con Dios. Puede que a algunos les resulte extraño. ¿Qué tienen que ver la relación con Dios y la relación con las personas? ¿Hasta qué punto puede ser la reconciliación con Dios un requisito de la reconciliación con uno mismo y con los otros?

Quisiera esclarecer ese vínculo interno entre la reconciliación con Dios y la reconciliación con otras personas. Jesús mismo, cuando responde a la cuestión de cuál es el mandamiento principal, vincula el amor a Dios con el amor al prójimo y a sí mismo: «Amarás al Señor tu Dios con todo tu corazón, con toda tu alma, y con toda tu mente. Este es el precepto más importante; pero el segundo es equivalente: Amarás al prójimo como a ti mismo» (Mt 22,37-39). Muchos se preguntan: ¿cómo puedo amar a Dios si ni siquiera lo veo? No puedo amar a Dios como a un amigo. Juan dice en su Carta: «Dios es amor: quien conserva el amor permanece con Dios, y Dios con él» (1 Jn 4,16). Si miramos dentro de nosotros, descubrimos en el fondo de nuestra alma el amor como fuerza que nos plenifica. Solo entrando en contacto con esa fuente interior de amor somos capaces de amar a otras personas y a nosotros mismos. Dios es, pues, como amor, la fuente de la que sacamos el amor con que nos podemos amar a nosotros mismos y a los demás.

De modo similar nos podemos representar la reconciliación con Dios. Dios es el fundamento de nuestro ser. Y de ese fundamento nos hemos alejado con frecuencia. Vivimos solo en la superficie, sin relación con nosotros mismos. Por eso, reconciliarse con Dios significa vincularse con el fundamento íntimo de nuestro ser. En este sentido hemos de entender las palabras que Pablo escribe en la Segunda Carta a los Corintios: «Por el Mesías os suplicamos: Dejaos reconciliar con Dios» (2 Cor 5,20).

Mucha gente, cuando oye hablar de la reconciliación con Dios, piensa que es Dios el que se tiene que reconciliar con nosotros. Jesús ha de expiar nuestra culpa para que Dios esté dispuesto a reconciliarse con nosotros. Pero se trata de una interpretación errónea de las afirmaciones bíblicas. La Biblia relata en muchas narraciones que son los seres humanos quienes se han alejado y distanciado de Dios. Dios es el que siempre está dispuesto a mostrarles su cercanía amorosa. Sin embargo, el hombre, que se ha extraviado al haberse dejado arrancar de su centro por el poder del pecado, se ha cerrado a Dios. No se atreve a presentarse ante Dios con su culpa. Y así, huye de sí mismo. La Biblia nos lo muestra en la historia de Adán y Eva. Ambos se esconden de Dios porque no pueden aceptarse a sí mismos tal como son. En el caso de Caín, esconderse se convierte en camino de huida. Tiene que estar huyendo siempre de su propia culpa, la que ha caído sobre él con el asesinato de su hermano, Abel.

La reconciliación con Dios es la condición para soportarse uno mismo, estar consigo mismo, vivir reconciliado y en paz consigo mismo. En el ser humano hay, evidentemente, una instancia que de continuo lo está acusando y le muestra su culpa. No puede liberarse por sí mismo de sus sentimientos de culpabilidad. Por eso necesita a Dios, que lo libera de esa instancia interior –en psicología se le llama superyó–, que lo condena. Pablo trató de hacer posible la liberación de esa instancia interior mediante la idea de la justificación solo por la fe. Dios nos acepta incondicionalmente. Este es para Pablo el mensaje que podemos extraer de la cruz de Jesucristo.

Lucas nos muestra otro camino para quedar libres de esa acusación interior. Relata cómo Jesús perdona en la cruz a sus asesinos: «Padre, perdónalos, porque no saben lo que hacen» (Lc 23,34). Contemplando a Jesús, que perdonó incluso a sus asesinos, bien podemos confiar en que no hay nada en nosotros que Dios no perdone. La mirada a Jesús debilita al juez interior que llevamos en nosotros. Lucas une la imagen de Jesús perdonando a sus asesinos con la imagen del auténtico justo, del que el filósofo griego Platón había escrito en su obra *Politeia*. El centurión romano reconoce en ese Jesús la imagen ideal del hombre justo. Por eso proclama: «¡Realmente este hombre era inocente!» (Lc 23,47). Contemplando al hombre justo Jesús, al que ni siquiera sus asesinos pudieron apartar de su justicia, nos hacemos justos nosotros mismos, pasamos a estar orientados a Dios y abiertos a los hombres, para poder encontrarnos con ellos de forma justa.

Quien se culpa a sí mismo está también siempre en peligro de culpar a otros. Para Lucas, la cruz sirve de ayuda para desligarse de la autoinculpación y reconciliarse consigo mismo. Este es también el requisito para dejar de culpar a otros. Nos volvemos capaces de aceptar también a los otros tal como son, porque también a ellos los acepta Dios incondicionalmente. La fe en el Dios que nos ama sin condiciones posibilita así la reconciliación con nosotros mismos y con otros.

Otro camino para reconciliarnos con Dios viene expuesto en la Carta a los Colosenses. Habla de que Dios decidió que en su Hijo Jesucristo residiera la plenitud, para que «por medio de él todo fuera reconciliado consigo, haciendo las paces por la sangre de la cruz entre las criaturas de la tierra y las del cielo» (Col 1,20). La reconciliación con Dios significa que Dios vive con su plenitud en el hombre Jesús y que también a nosotros quisiera colmarnos de su vida divina. Entonces ya no estamos separados de Dios, sino unidos a él, que reside en nosotros. Cristo es la imagen de esa reconciliación. Una imagen que se nos revela en la cruz. En ella, Cristo ha hecho las paces mediante su sangre.

¿Cómo hemos de entender la afirmación de Colosenses? La cruz, un modo cruel de ejecutar a un hombre, es lo más alejado posible de Dios. No obstante, al morir Jesús en la cruz, también esa lejanía de Dios llega a ser colmada del amor de Dios. La sangre de Jesús es entonces la imagen de ese amor, que triunfa en la cruz sobre todo el odio del mundo. Si la plenitud de Dios reside incluso en ese Jesús colgando de la cruz, entonces no hay ámbito alguno de la vida humana que no pueda ser colmado por la plenitud de Dios, por el amor de Dios. En la cruz, Jesús pende entre el cielo y la tierra. Así quiso Dios llevar a Cristo todo lo de la tierra y del cielo. En la cruz son reconciliados entre sí cielo y tierra, lo celeste y lo terreno, lo mundano y lo espiritual, el espíritu y la naturaleza.

Por ello, para el teólogo Eduard Lohse la reconciliación con Dios va más allá de la reconciliación con los hombres. Lo explica así: «El universo está reconciliado, por cuanto mediante la resurrección y glorificación de Cristo el cielo y la tierra han sido restituidos al orden determinado por la creación de Dios»[2]. No solo los seres humanos han quedado reconciliados con Dios; también el cosmos entero, el cielo y la tierra. Es a la vez una imagen de la reconciliación que sucede en nosotros mismos. En la cruz quedó reconciliado entre sí, también dentro de nosotros, todo cuanto es celeste y terreno. No estamos ya escindidos, ni dominados por ningún poder. Mediante la plenitud de Dios, que reside en nosotros, todo se hace uno. En la cruz nos volvemos uno con Dios y, mediante Dios, también uno con nosotros mismos y con la creación entera.

---

2 Eduard LOHSE, *Die Briefe an die Kolosser und an Philemon*, Göttingen 1977, 101.

3

Modelos de reconciliación

Jacob y Esaú
José y sus hermanos
La comunidad de Antioquía
Saúl y David: una reconciliación frustrada

Modelos de nuestro tiempo

Jacob y Esaú

La Biblia ofrece muchas historias de reconciliación. Si meditamos esas historias, crece en nosotros la esperanza de que también hoy sea posible reconciliarse. Las antiguas historias no pretenden meramente narrarnos el pasado, sino que son historias arquetípicas, que quieren bosquejarnos una imagen de cómo puede lograrse la reconciliación hoy.

Una historia famosa de reconciliación es el relato de Jacob y Esaú. Los dos hermanos eran radicalmente diferentes entre sí. Esaú, el mayor, es el hombre telúrico, fuerte. Jacob es el hombre astuto que hace trampa a su hermano, primero comprándole el derecho de primogenitura y luego hurtándole la bendición que solo una vez podía darse al primogénito. Esaú quiere vengarse y matar a su hermano. A Jacob le entra miedo y huye de su hermano. Entonces trabaja en un país extranjero para Labán, hermano de su madre, con el fin de recibir en compensación a su hija Raquel. Pero Labán lo engaña y aprovecha la oscuridad para hacerle dormir con Lea, la hija menos agraciada. Al final, Jacob se venga y con una nueva trampa se apodera de dos terceras partes de los bienes de su suegro, Labán, y se pone en marcha hacia su casa. Pero de pronto se llena de miedo cuando le anuncian que su hermano Esaú va a su encuentro, pensando que Esaú venía con cuatrocientos hombres para luchar contra él y matarlo. En esa situación, Jacob hace pasar a sus mujeres y sus hijos y todos sus bienes por el vado de Yaboc y él se queda solo al otro lado. Por la noche se le enfrenta un hombre misterioso y pelea con él. No está claro si es un ángel de Dios, el mismo Dios o un enemigo. Jacob se pone a luchar. No quiere soltar al otro sin antes recibir su bendición (Gn 32,27). Dios bendice a Jacob y le da un nombre nuevo, Israel, porque ha luchado con Dios mismo.

Esta singular y oscura historia puede entenderse en el sentido de que Jacob se ha enfrentado a su propia sombra. Ya no la esquiva. Esaú representa la sombra de Jacob. Ahora que Jacob ha encontrado su propia sombra y se ha reconciliado con ella, está capacitado para reconciliarse con su hermano, Esaú. Se adelanta hacia él y se postra siete veces en tierra ante su hermano. «Esaú corrió a recibirlo, lo abrazó, se le echó al cuello y lo besó llorando» (Gn 33,4). Así se reconcilian los hermanos. Se complementan mutuamente, en lugar de seguir peleándose.

La historia da respuesta a dos cuestiones. Primero: ¿cómo conseguir reconciliarse? Segundo: ¿qué es lo que reconcilia? A la primera pregunta responde la historia: la reconciliación con el enemigo solo es posible si yo me reconcilio primero con el enemigo que llevo dentro. El enemigo es para mí un espejo en el que poder reconocerme con mi sombra. Por eso, la primera tarea es reconciliarme con mis facetas sombrías. Es la condición para hacer posible también luego la reconciliación con el enemigo o con quien representa mi sombra.

A la pregunta de qué es lo que reconcilia, podría responderse así: Jacob se ha dado cuenta de que él solo con su familia no va a salir triunfante contra su hermano Esaú, que viene hacia él con cuatrocientos hombres, claramente con intención hostil. Y se da cuenta de que, aunque huya de su hermano, no va a poder nunca vivir en paz. Su vida estará continuamente amenazada por su hermano enemistado y no reconciliado, que querrá vengarse de él. Por tanto, era bastante razonable, sin duda, que Jacob se dispusiese interiormente para reconciliarse. La preparación se efectúa, en primer lugar, enfrentándose a su sombra; y luego, saliendo amistosamente al encuentro de su hermano y postrándose siete veces ante él. Muestra al hermano su propia impotencia y con su humilde comportamiento reconoce su estima por el hermano y su renuncia a aquella antigua conducta de ponerse por encima de él. Al mostrar respeto al hermano, en lugar de hacerle trampas, la reconciliación se vuelve posible. Jacob no se empequeñece con su comportamiento. Se ha percatado de que reconciliarse es el único camino para vivir en armonía con su hermano y así en el futuro poder pasar la vida con paz y bienestar.

José y sus hermanos

La segunda historia de reconciliación se refiere a José y sus hermanos (Gn 37–50). José es el hijo preferido de Jacob. Y eso irrita a sus hermanos. Deciden matarlo cuando el padre le envía con un cesto lleno de alimentos a donde están ellos apacentando el rebaño de su padre en un campo cercano a Siquén. Pero Rubén intenta librarlo de sus manos. No lo matan, pero lo echan en un aljibe sin agua. Cuando luego pasa cerca una caravana de comerciantes, lo sacan del aljibe y lo venden por veinte pesos de plata a los comerciantes, que llevan a José a Egipto y allí lo revenden como esclavo. Sin embargo, Dios dispone que primero se gane el afecto de su amo, luego caiga en gracia en la cárcel, y finalmente interprete los sueños de los que están presos con él. El faraón tiene dos sueños que no puede interpretar y tampoco saben cómo hacerlo los intérpretes de sueños de Egipto; entonces el funcionario que había estado con José en la cárcel lo saca y José interpreta los sueños del faraón. A consecuencia de ello, el faraón lo pone al frente de la administración de todo Egipto. En los siete primeros años, José hace almacenar el exceso de grano en grandes graneros, de modo que en los siete años de hambre siguientes la gente tiene reservas suficientes. Como Jacob y sus hijos están padeciendo la sequía en su tierra y no tienen ya para comer, Jacob manda a sus hijos a Egipto y llegan donde José. José reconoce a sus hermanos en esos extranjeros, pero no se da a conocer. Los envía de vuelta con los sacos llenos de trigo, pero les ordena que la vez siguiente traigan también a su hermano menor, Benjamín, al que José no conoce. Delante de José hablan entre sí sobre el delito que cometieron contra su hermano, pero José hace como si no entendiese más que la lengua egipcia. Cuando van por segunda vez donde José, este se da a conocer. Y se reconcilian unos con otros. José puede reconciliarse con sus hermanos porque los ha escuchado reconocer y lamentar su culpa. Cuando sus hermanos quedan totalmente conmocionados al reconocerlo, José los alienta: «Yo soy José, vuestro hermano, el que vendisteis a los egipcios. Pero ahora no os aflijáis ni os pese haberme vendido aquí; porque para salvar vidas me envió Dios por delante» (Gn 45,4s).

El delito que los hermanos habían cometido contra José era muy grave. Primero quisieron matarlo; luego lo vendieron como esclavo. Pero el hambre que padecieron los llevó de nuevo a José. Y tras pasar algunas pruebas que José les pone, se reconcilia con ellos. Esta historia nos permite esperar que incluso el mayor sufrimiento que inflijamos a otro puede ser transformado si se produce reconciliación.

También esta historia da respuesta a las dos cuestiones. Primero: ¿cómo conseguir reconciliarse? Segundo: ¿qué es lo que reconcilia? Solo se puede conseguir reconciliación si los culpables reconocen y lamentan su culpa. Es necesario confrontarse con la culpa propia, con lo que se le ha hecho a alguien.

A la pregunta de qué es lo que reconcilia, esta historia responde: a los hermanos no les hace nada bien vivir permanentemente con la mala conciencia de haber traicionado y vendido a su hermano. Solo llegan a estar bien consigo mismos cuando reconocen su culpa ante aquel a quien han herido. Celebran la reconciliación mientras José los agasaja espléndidamente. Luego los invita a trasladarse con su padre y todos sus bienes a Egipto, un país que les va a ofrecer mayor bienestar que su patria. Cuando se produce reconciliación, se nos presentan nuevas posibilidades de vida, puede florecer algo nuevo.

La comunidad de Antioquía

La tercera historia de reconciliación viene narrada por Lucas en los Hechos de los Apóstoles. En la comunidad de Antioquía se suscitó una fuerte discusión sobre la cuestión de si los paganos que habían abrazado la fe tenían que circuncidarse y cumplir la ley judía en todos sus detalles. Pablo y Bernabé acuden a Jerusalén y cuentan a los apóstoles lo que Dios ha obrado en los paganos. Algunos convertidos del grupo de los fariseos exigen a voz en grito: «Hay que circuncidarlos y ordenarles observar la ley de Moisés» (Hch 15,5). A continuación, los apóstoles convocan una reunión –un concilio– y examinan el asunto. Primero se levanta Pedro y expone cómo el Espíritu Santo había obrado por su medio en el pagano Cornelio y su familia. Luego se levanta Santiago, que tiene fama de riguroso judeocristiano, y cita a los profetas Amós y Jeremías, que hablan de que Dios va a abrir también a los paganos el camino de la salvación. Entonces los apóstoles se ponen de acuerdo en tres prescripciones que han de cumplir los cristianos procedentes del paganismo. Escriben una carta a las comunidades para darles a conocer el resultado del concilio apostólico. Los cristianos de Antioquía se alegraron con la carta y los ánimos que les daba para proseguir bien su camino.

Lucas nos muestra una vía de reconciliación para conflictos en los que se da una pugna entre dos partidos, de los cuales ambos piensan poderse remitir a Dios y, por tanto, tener la razón. La reconciliación se logra al presentar su opinión los representantes de las distintas corrientes, hablar unos con otros sobre sus respectivos propósitos e intereses y finalmente encontrar una solución aceptable para todos. De este modo, la Iglesia, formada por cristianos procedentes del judaísmo y del paganismo, puede vivir en pacífica armonía. Y la reconciliación es la condición para que la Iglesia pueda experimentar un gran seguimiento y extenderse por el mundo entero. De todos modos, esta reconciliación lograda oficialmente no se mantuvo íntegra. Siguió habiendo conflictos entre los judeocristianos y los cristianos del paganismo. Nos lo narra Lucas en los Hechos de los Apóstoles y también Pablo en sus cartas.

Saúl y David: una reconciliación frustrada

Las historias bíblicas son imágenes que nos muestran cómo se logra la reconciliación. Pretenden quedarse grabadas en nosotros y fortalecer nuestra esperanza de que también hoy podamos encontrar la reconciliación por medio de esas imágenes. Pero la Biblia nos narra también historias en las que no se llega a una reconciliación.

Por ejemplo, la historia de Saúl y David. Saúl está celoso de David porque el pueblo celebra tumultuosamente su victoria sobre Goliat. Cuanto más festejado y querido por el pueblo es David a partir de entonces, mayor es el odio que Saúl le profesa. El propio Saúl sufría evidentemente depresiones. La Biblia lo denomina un mal espíritu, que ataca una y otra vez a Saúl (1 Sm 18,10ss). David procura calmar siempre a Saúl, tocando el arpa. Saúl necesita a David para vencer su depresión. Pero a la vez quiere matarlo y arroja dos veces su lanza contra David, que logra esquivarla. Más tarde, Saúl intenta sin éxito librarse de David con una argucia. Finalmente, Saúl lo persigue para matarlo. Dos veces se encuentra David con la oportunidad de matar secretamente a Saúl. Pero David perdona a su enemigo. Está reconciliado con Saúl. No obstante, Saúl no logra superar su odio a David, aun cuando tras su reconciliación le dice: «¡Tú eres inocente y no yo! Porque tú me has pagado con bienes y yo te he pagado con males» (1 Sm 24,18). Sus celos y su envidia de David le impiden reconciliarse con él. Y así, sucumbe luchando con los filisteos. David mismo está reconciliado con Saúl. Cuando Saúl cae en la batalla contra los filisteos, David entona un conmovedor canto fúnebre (2 Sm 1,19ss).

A pesar de la disposición a reconciliarse por parte de David, no se logra una reconciliación entre él y Saúl, porque este es celoso y envidioso y está constantemente afectado por estados de ánimo depresivos. En él hay, pues, algo enfermizo. Si nos dejamos gobernar por emociones como la envidia y los celos, nos incapacitamos para una reconciliación. Y las enfermedades psíquicas son un impedimento frecuente para tener un trato razonable y reconciliatorio con otras personas. Hoy nos percatamos de esa incapacidad para la reconciliación en algunos políticos que sufren de complejo de inferioridad y por eso abusan de su poder para empequeñecer a otros. Son síntomas neuróticos que escinden a esas personas y llevan luego a la división de países enteros y entre unas naciones y otras.

Modelos de nuestro tiempo

Nuestra esperanza de reconciliación no viene reforzada solamente por historias bíblicas, sino también por experiencias históricas. Por ejemplo, la reconciliación entre blancos y negros en Sudáfrica. Gracias a que Nelson Mandela, tras veintisiete años de cárcel, estuvo dispuesto a perdonar a sus verdugos, se hizo posible una vía de reconciliación entre blancos y negros. Mandela cuidó de que hubiera una transición suave e hizo repetidos llamamientos a la reconciliación. Los católicos y los protestantes que durante años estuvieron combatiéndose en Irlanda del Norte dieron pasos hacia el encuentro mutuo.

La caída sin violencia en 1989 del muro entre Alemania Oriental y Alemania Occidental fue vivida por muchos como un milagro. La caída del muro fue preparada por las manifestaciones pacíficas de los lunes convocadas por el párroco evangélico Christian Führer a la salida de las plegarias por la paz en la iglesia de San Nicolás. Eran manifestaciones con velas, sin armas y sin violencia. Así que en último término fue la oración la que derribó el muro. Sin embargo, las experiencias vividas por la gente de la parte oriental y la de la occidental tras la reunificación ponen de manifiesto que las cosas no van tan rápido y que no es sencillo reconciliar realmente a las personas entre sí después de tantas décadas. Los viejos prejuicios son un impedimento constante para que la gente del este y la del oeste se entiendan y acepten mutuamente. El fortalecimiento de la AfD [Alternativa por Alemania, partido de extrema derecha] en el este es una expresión de que muchas personas del este tienen la sensación de que no se las escucha ni se las toma en serio. Se requiere un largo tiempo para que la reconciliación alcance realmente los corazones y supere todos los prejuicios y resentimientos entre los seres humanos.

La historia nos muestra también que a veces se ha dejado escapar la oportunidad de reconciliarse. El presidente egipcio Anuar el-Sadat y el jefe del Gobierno israelí Menájem Beguín firmaron un acuerdo de paz en el marco de las negociaciones de Camp David. Ese acuerdo suscitó en todo el mundo la esperanza de que los israelíes y los árabes, dos bandos enfrentados durante muchos años, pudieran reconciliarse para vivir juntos y en paz. Pero Anuar el-Sadat fue asesinado por activistas radicales de su propio pueblo.

Con el crimen se dejó escapar un momento decisivo en la historia, en el que fue posible la reconciliación, sepultando así la esperanza de reconciliarse. El mundo entero sigue conteniendo la respiración por el continuo conflicto latente entre israelíes y árabes.

En los últimos años han cobrado fuerza tendencias nacionalistas en muchos países. Y hay Gobiernos autoritarios que refuerzan esas tendencias, impidiendo así la reconciliación. Ha sido el modo de boicotear la reconciliación entre rusos y ucranianos, entre Rusia y Europa, entre Turquía y la Unión Europea. Pese a ello, es necesario esperar que esos conflictos se puedan solucionar. Estamos notando ahora con la guerra de Ucrania cómo todo el mundo se está viendo afectado. Los precios de los alimentos básicos suben y provocan que los países pobres padezcan más hambre todavía. El incremento de los precios de la energía provoca en Europa un fuerte aumento del costo de la vida, que llevará a mucha gente a la pobreza, también en Europa, frenando el desarrollo económico conjunto.

Esto nos hace añorar aún más a personas como Nelson Mandela o Gandhi, como Sadat o Beguín, que tuvieron el coraje de abandonar los antiguos frentes y salir al encuentro de los grupos en conflicto. No son solo los políticos los llamados a hacerlo, sino todos los responsables de la sociedad, y en último término todos los ciudadanos y ciudadanas. Pues son los que han de elegir representantes políticos que estén dispuestos a andar caminos de reconciliación.

4

Los frutos de la reconciliación

Paz
Libertad
Confianza
Vinculación
Creatividad
Justicia
Armonía
Valor
Esperanza

¿Qué efectos produce la reconciliación?

La reconciliación no se debe perseguir buscando otros objetivos; es un valor en sí misma. Sin embargo, aunque aceptemos esto, podemos preguntar qué aporta la reconciliación a la sociedad y a nosotros, cuáles son los frutos que brotan de la reconciliación para la sociedad y para nosotros. Se trata de la pregunta de si crece algo en nosotros a partir de la reconciliación. Si yo me reconcilio con una persona, ¿he experimentado un progreso interior? ¿He madurado espiritualmente? ¿Me he transformado? Si observamos las experiencias que hacemos con la reconciliación, podemos hablar de frutos que han brotado de ella. La imagen de los frutos nos impide una reivindicación moralista de la reconciliación. Más bien nos estimula a publicitar la reconciliación. Pues notamos que la reconciliación no nos hace bien solo a nosotros sino a todos, resulta una bendición para todos.

Lo que puede producir la reconciliación lo describe enfáticamente el poeta lírico alemán Peter Huchel en su poema «La reconciliación»:

> «Cuando nos levantábamos jóvenes y volvíamos a casa,
> por callejones llenos de gritos y agonías,
> percibimos cómo los pobres tenían miedo
> de esta abundancia en nuestros cuencos.
>
> Los hermanos se sentían oscuramente perdidos
> y lloraban cuando de nuestro gesto
> irradiaba reconciliación, nacida de nuestra hondura.
> Se arrodillaron en el suelo extasiados.

Pero derramamos luz de nuestras manos
sobre los que solo callaban tímidamente.
Entonces Dios gritó, sus entrañas temblaron:
se vio a sí mismo postrado en todas las rodillas.

Estábamos hermanados y ya nunca solos.
Nos encontramos de nuevo en lo hondo y rotos.
Nadamos juntos hacia una orilla reconciliada,
el bosque floreció y los animales hablaron»[1].

Peter Huchel comienza su poema con la discrepancia entre ricos y pobres. Pero llama hermanos a los pobres, que se sienten perdidos en este mundo, cuyo esplendor pasa de largo ante ellos. Sin embargo, experimentan el gesto de reconciliación por parte de los ricos. Entonces lloran y caen de rodillas. No lo habrían esperado. Dios mismo cae de rodillas porque ha sucedido aquí el milagro de una reconciliación entre pobres y ricos. Ahora todos están hermanados, ya nadie se siente solo. Comienza un tiempo nuevo. Nadan en común hacia una orilla reconciliada. La naturaleza que los rodea se transforma porque los seres humanos se reconcilian entre sí. El bosque florece y los animales hablan. Se produce ahora la reconciliación entre hombres y naturaleza, entre hombres y animales, entre hombres y plantas. Y todo florece: los hombres, los bosques, los animales. Este es el fruto de la reconciliación: que no solo florecen los seres humanos, sino también la naturaleza que los rodea. Esa es la recon-

---

[1] Peter HUCHEL, *Die Gedichte*, ed. de Axel Vieregg, Frankfurt 1997, 320.

ciliación que todos anhelamos. Los poetas como Peter Huchel tienen el coraje de describirnos la utopía de esa reconciliación, con la esperanza de que esa imagen de la utopía produzca en nosotros un efecto reconciliador.

Los poetas describen los frutos de la reconciliación con imágenes. Me gustaría describir siete valores que brotan de la reconciliación. Los valores –como indica la palabra latina *virtutes*– son fuentes de donde podemos extraer nueva fuerza para nosotros y para nuestra convivencia. O, como expresa el término griego *aretḗ*: los valores capacitan al ser humano para una vida buena y dichosa. Y como dicen en alemán: «Los valores hacen que la vida sea valiosa». Los valores son como frutos que brotan de la reconciliación. El siete es el número clásico de la transformación. Los frutos de la reconciliación transforman al individuo, transforman la convivencia de personas y grupos y pueblos.

Paz

Donde acontece la reconciliación, brota la paz. La paz es más que un armisticio, un alto el fuego. El sustantivo griego *eirḗne*, «paz», proviene de la música. Quiere decir que los diversos tonos que hay en el seno de la sociedad están armonizados: los fuertes y los suaves, los altos y los bajos. Cada tomo tiene su derecho. No es relegado, pero se inserta en la consonancia de una sinfonía. La palabra alemana *Frieden* [paz] está en conexión con *Freiheit* [libertad] y *Freundschaft* [amistad]. La paz solo brota allí donde nos sentimos amigos, donde los extraños se convierten en amigos. La palabra latina, *pax*, hace referencia a las negociaciones y a la conversación. La paz solo brota si estamos preparados y capacitados para hablar entre nosotros, para escucharnos mutuamente, de forma que se pueda conversar. Cuando se logra una auténtica conversación, brota paz.

La paz no puede ser algo impuesto, como lo era la paz militar del emperador Augusto, al que se considera pacificador. Frente a la paz octaviana impuesta por las armas, el evangelista Lucas describe la paz producida en la tierra por el nacimiento de Jesús. Una paz que vino de Dios y nos fue ofrecida a los seres humanos si nos dejamos contagiar por el amor del divino niño. Es una paz que fluye del amor de un niño carente de poder. Es la paz que proviene del hecho de que el mundo entero, la naturaleza y la humanidad, han sido colmados y penetrados por el Espíritu divino en la encarnación de Dios. Es Dios mismo quien crea esa paz al penetrarlo todo con su amor, incluso lo contradictorio que hay en nosotros y en el mundo.

En Europa hemos disfrutado todos de la paz que se ha mantenido a lo largo de setenta y cinco años después de la Segunda Guerra Mundial. Y ahora estamos inquietos y conmocionados por la ruptura de esa paz con la guerra en Ucrania. Todos nos sentimos amenazados. La paz crea una atmósfera que nos beneficia, en la que podemos vivir con plena confianza. La discordia provoca siempre una tensión, que con demasiada frecuencia nos desgarra y que a la larga nos supera. Por eso anhelamos paz entre los pueblos, pero también en las familias y en la sociedad. Una familia que vive en discordia mutua dificulta la vida de cada miembro. La disensión les arrebata su energía y les impide dedicarse con todo su empeño a su trabajo y a su vida. La discordia dilapida mucha fuerza y produce parálisis tanto en los padres como en los hermanos. Si la reconciliación familiar les permite de nuevo vivir en paz, pueden florecer muchas cosas en los miembros individuales, que pueden dedicarse con alegría a su propia vida.

Libertad

Allí donde reina la reconciliación, la gente se siente libre. Los seres humanos están siempre dando vueltas en torno a quienes consideran enemigos. Dejan que su vida esté determinada por quienes los han herido o los combaten, porque los tienen por enemigos. La libertad permite respirar a los individuos. La reconciliación los libera del lastre del pasado. Las personas sin reconciliar siguen cargando con el lastre del pasado, el lastre de la injusticia que han cometido con ellas, el lastre de la humillación, el lastre de sus experiencias hirientes. La reconciliación nos libera del pasado. No estamos sometidos ya a la coerción de repetirlo.

Sigmund Freud habla de la compulsión repetitiva en relación con el individuo. Quien no mira las heridas de su infancia corre peligro de repetirlas. Una mujer que de muchacha fue despreciada por su padre cae una y otra vez en manos de varones que la tratan con similar desprecio. Piensa que es como una maldición. Según la psicología freudiana, es comprensible. Debe afrontar el desprecio paterno y reconciliarse con él. Entonces quedará libre de esa compulsión de caer en manos de los varones equivocados.

Pero la compulsión repetitiva rige también para las sociedades. Una sociedad que no se reconcilia con su pasado repite los patrones de comportamiento del pasado. Por eso es decisivo para una auténtica reconciliación que se analice con precisión el pasado y se afronten los patrones de ese pasado. ¿Cuál fue la causa de las guerras pasadas, de las crisis pasadas, de las catástrofes pasadas? Quien no conoce el pasado lo repite. Lo estamos viviendo en la sociedad alemana. Personas de edades diversas que no se molestan realmente en mirar de frente el pasado de Alemania y en sufrir con la sinrazón infligida por sus padres a otros pueblos repiten los lemas nazis.

En un entorno sin reconciliar, no se puede respirar libremente. Se tiene constantemente miedo a ser atacado e injuriado por personas irreconciliadas. Nos sentimos obligados a defendernos. Y tenemos el miedo constante a decir algo personal, porque podría ser malinterpretado. No somos libres de expresar lo que sentimos. Siempre hay personas que se sienten atacadas por nosotros porque hemos aludido a algo con lo que ellas mismas no se han reconciliado. Si estamos reconciliados con nosotros mismos, nos sentimos libres de la presión de tener estar siempre justificándonos. Simplemente, estamos ahí. Vivimos la libertad del puro ser. La reconciliación es la condición para sentirnos libres interior y exteriormente.

Confianza

Donde acontece reconciliación, brota confianza entre las personas. Cuando los cónyuges miran con sinceridad los fallos de su pasado y se reconcilian con ello, brota confianza. El marido confía de nuevo en su mujer, y la mujer, en su marido. La confianza entre los esposos recibe una calidad nueva tras la reconciliación. Ambos cónyuges conocen también las amenazas a la confianza. Vivencian ahora esa confianza con mayor gratitud aún y procuran protegerla como un bien precioso.

La reconciliación incrementa la confianza entre empleadores y empleados. Cuando en la empresa reina la confianza, las personas pueden trabajar mejor juntas y obtendrán también mejores resultados para la empresa. La reconciliación aumenta también la confianza entre los diversos partidos y grupos, y también entre los pueblos. Después de la Segunda Guerra Mundial, los partidos estaban enfrentados con mucha mayor hostilidad que hoy. Hoy son posibles las coaliciones de diversos partidos. Solamente no se confía en que en los partidos más extremos de la derecha y la izquierda puedan aliarse honradamente con otros partidos. También la gente de Francia y la de Alemania confían entre sí. Hay muchos programas de intercambio, por ejemplo, entre estudiantes de colegios alemanes y franceses. Muchos alemanes van de vacaciones a Francia y tienen amigos franceses. La reconciliación entre los pueblos ha producido una relación sin complicaciones entre la gente, una confianza que hace surgir amistades.

La reconciliación crea confianza también en la vida diaria. Si voy al supermercado con la sensación de que la gente está en armonía consigo misma, voy allí confiado y despreocupado. Pero si tengo que contar con que alguna persona irreconciliada pierda los nervios por cualquier pequeñez y me insulte, entonces voy a comprar con cierta aversión y, a menudo, tenso.

La reconciliación es la condición para tener confianza con otras personas. Cuando me junto con personas que no se han reconciliado, no puede surgir confianza alguna. Porque el ser humano irreconciliado es incapaz de relacionarse con otros. Está continuamente proyectando a los otros lo que él no ha asumido en sí mismo. No va al encuentro del otro, sino de la persona que cree ver a través de las gafas de sus proyecciones. Tiene al otro fijado en la imagen que se ha hecho de él. Y así no puede brotar ninguna relación de plena confianza.

Vinculación

La reconciliación diluye la división entre seres humanos y las divisiones en la sociedad y entre grupos étnicos. Crea una vinculación nueva. Hoy todos los seres humanos anhelan vinculación. Quien se siente vinculado no se siente solo. Y se siente sostenido por las personas con las que se siente unido. La vinculación hace bien al alma de la persona, pero también a la atmósfera de la sociedad y del mundo. La vinculación nos posibilita la búsqueda de soluciones comunes para los problemas del futuro: por ejemplo, la política climática, la política migratoria. Los grandes problemas de la humanidad solo se pueden resolver en la vinculación, y no en la confrontación.

En lo profundo de nuestra alma, estamos vinculados a todos los seres humanos de la tierra. Lo que importa es que tomemos conciencia de esa vinculación. Entonces los conflictos se relativizan. Ya no nos causan división. No dejamos reprimidos los conflictos, ni tampoco las diferencias en nuestra visión de la vida. Soportamos las diferencias sin dividirnos porque en lo hondo nos sentimos vinculados. El franciscano Richard Rohr piensa que deberíamos ser «not perfect but connected», no perfectos, sino conectados. Allí donde nos sentimos vinculados, tratamos de buscar junto con otras personas caminos para poder vivir en este mundo de modo duradero. No dejamos que los conflictos vayan a más, sino que los contemplamos con ese sentimiento de estar unidos unos con otros pese a todos los conflictos.

En una sociedad en que las personas se sienten vinculadas unas a otras, reina una atmósfera que es beneficiosa para la gente. Los investigadores de opinión preguntan en qué países son más felices los seres humanos. El resultado es inequívoco: allí donde las personas se sienten vinculadas es también donde más satisfechas se sienten con su vida. Allí hay menos tensiones sociales.

Creatividad

Donde hay vinculación, surge la creatividad. Los neuroinvestigadores han constatado que en los niños que se sienten vinculados con sus padres y hermanos, brotan en el cerebro las conexiones más creativas. En efecto, el cerebro infantil está todavía abierto a muchas conexiones. Allí donde reina la vinculación, se crean las mejores sinapsis, responsables de la creatividad del niño. Lo mismo se puede aplicar también a las empresas y los países. En una empresa en la que los empleados se sienten vinculados, reina un clima de creatividad. A los trabajadores les gusta buscar nuevas soluciones. Cuando lo que reina es el miedo, no surge la creatividad, sino a lo sumo el engaño, como puso de manifiesto el escándalo de los Volkswagen diésel. Los empleados se sentían bajo presión. La dirección de la empresa había generado un clima de miedo. Ese miedo tenía la culpa, en último término, de que algunos empleados desarrollaran soluciones fraudulentas.

Lo que vale para los individuos y las empresas vale también a la sociedad y a los pueblos. Solo donde reina la vinculación surge la creatividad. Estando en prisión en 1944, Alfred Delp escribe sobre la generación estéril en su meditación sobre la secuencia de Pentecostés *Veni sancte spiritus*: «La generación incapaz de crear nada. La aparición de todo un pueblo y una generación entera sin ideas teóricas ni prácticas, ni en arte ni en política, ni en filosofía ni en teología, como tampoco en la religiosidad»[2]. Delp alcanzó ese conocimiento en un Estado totalitario. Los Estados totalitarios producen un clima de miedo. Y la creatividad no se desarrolla en un clima así. La reconciliación es un requisito para que en un pueblo vuelvan a surgir ideas nuevas. Esto es aplicable a la filosofía y la teología, a las ciencias de la naturaleza y a la técnica. Y vale también para la cultura. Si echamos una mirada a la historia, los tiempos en que reinaba la paz, en que los miembros de diferentes pueblos estaban reconciliados entre sí, fueron también los tiempos más fecundos culturalmente.

---

2 Alfred Delp, *Gesammelte Schriften* 4, Frankfurt 1984, 288 [trad. esp. en *Escritos desde la prisión*, Sal Terrae, Santander 2012, 197].

La creatividad es demandada también por las direcciones empresariales. Antes, un buen directivo planificaba para los siguientes diez años. Ahora cambia el mundo con tal rapidez que ya no es posible una planificación a largo plazo. Por eso son tan importantes las soluciones creativas. Lo mismo vale también para la política. Las antiguas leyes que durante años definieron la política ya no valen. Se requiere creatividad para reaccionar adecuadamente a las situaciones que irrumpen constantemente a causa del cambio climático, de las pandemias, de los conflictos bélicos imprevistos.

Justicia

En la Biblia se dice: «Lo que uno siembra, eso cosechará» (Gal 6,7). Quien siembra justicia cosechará paz. La justicia y la paz son interdependientes. Cuando las personas están sin reconciliar, surgen estructuras injustas, distribución injusta de oportunidades, reparto injusto de los bienes. Donde reina el dinero, no hay justicia alguna. Lo que importa es ya solo más dinero. Justicia significa que soy justo conmigo mismo, con mi ser como hombre. Si me dejo dominar por el dinero, soy injusto con mi ser. Y tampoco soy justo con los demás. No respeto ya el principio fundamental de la justicia, «Suum cuique», «Dar a cada uno lo suyo». Entonces no me importa el derecho del otro, sino solo la satisfacción de mis propias necesidades.

En el terreno personal, una persona sin reconciliar se afana por tomar medidas que son injustas contra otras personas. Los actos injustos vienen a ser como una venganza contra quienes no le caen bien, o contra quienes siente que la han tratado injustamente. Muchos se sienten injustamente tratados por sus padres. El padre o la madre tenía preferencias por un hermano o hermana. El trato injusto de los hijos muestra siempre que los padres no están reconciliados con su propia historia vital, sino que proyectan en los hijos sus propias necesidades. Piensan estar tratando con justicia a los hijos. Pero no se dan cuenta de que proyectan en los hijos sus propias necesidades reprimidas, prefiriendo a los hijos que viven los deseos que ellos no han vivido. Con frecuencia las personas que se sienten injustamente tratadas en su infancia transfieren a otras personas su sentimiento de injusticia. Aunque ellas mismas padecieron por el trato injusto de sus padres, actúan a su vez injustamente, transmitiendo sus heridas.

En nuestro mundo hay un reparto injusto de los bienes. Aunque nos esforcemos mucho por lograr justicia, nunca va a haber una justicia absoluta sobre la tierra. Por un lado, como dice Jesús, hemos de tener hambre y sed de justicia y trabajar por la justicia en el mundo. Por el otro, tenemos que reconciliarnos también con el hecho de que no va a haber una justicia absoluta. Por ello es tarea de cada uno reconciliarse con las personas que viven en condiciones fundamentalmente más confortables que las suyas. Aunque yo piense que es injusto que otros sean tan ricos, es preciso que me reconcilie con esas condiciones injustas. Lo cual no significa que esté contento con ellas. Pero aunque trabajemos mucho en pro de la justicia, nunca va a haber una justicia absoluta. Nos tenemos que reconciliar con esta limitación en nuestro esfuerzo por la justicia.

La reconciliación entre los pueblos es la condición para que reine la justicia en nuestro mundo. En un mundo reconciliado se anhela la justicia. En nuestro mundo globalizado, la justicia es la condición para que la humanidad vaya creciendo cada vez más conjuntamente, para que sus recursos sean repartidos con justicia. Si la globalización está impuesta por el poder de los más fuertes, se convertirá en fuente constante de conflictos y guerras y hostilidades. La globalización solo se volverá una bendición para la humanidad si está vinculada a la justicia. Las tensiones de nuestro mundo se deben en buena parte a la pretensión de los EE. UU. de imponer en el mundo sus propios intereses con su potencia económica y así determinar el camino de la globalización. Pero eso lleva a muchos países a resistirse. Me he encontrado con esa resistencia en países sudamericanos, pero también en países asiáticos que están estrechamente unidos con los EE. UU. La reconciliación disolverá las resistencias y los prejuicios. Pero se necesitan señales de reconciliación para que la globalización llegue a tener éxito en el futuro.

Armonía

La armonía era un concepto central de la filosofía griega. Significa la unión de cosas contrapuestas en un todo ordenado, la unidad en la multiplicidad de un todo. Los griegos hablan de la *harmonía toû kósmou*, la armonía del mundo. Pitágoras cree en la armonía de las esferas, que luego cobra expresión en la música humana. Armonía significa que todo está en consonancia. La armonía es en sí reconciliación de tendencias contradictorias.

Armonía no significa armonizar. Con la armonización quiero no tomar conciencia de las oposiciones y contradicciones. Surge una sensación aparente de reconciliación. Armonía significa que incluso personas opuestas se tratan armónicamente. Cuando van personas invitadas a una fiesta, luego tenemos a menudo la sensación de que ha sido una velada armoniosa. La cuestión es entonces: ¿en dónde estuvo que la velada resultase armoniosa? Por una parte, estuvo en que del anfitrión emanaba una atmósfera de paz y apertura, de amplitud y benevolencia. El anfitrión, conscientemente, no había invitado solo a personas que congeniaban, sino también a otras que pensaban distinto. Los puntos de vista opuestos no perturbaron la armonía, porque todos estaban dispuestos a superar las diferencias. Pero si el anfitrión hubiera estado estresado y se hubiera sentido desgarrado por dentro o sometido a presión para juntar a todos los invitados, estos habrían notado esa presión y el desgarro interno y no se habría producido una velada armoniosa. Solo si los anfitriones están reconciliados consigo e irradian también un tono reconciliador puede celebrarse una fiesta armoniosa.

Valor

Romano Guardini entiende el valor, el coraje, como «asumir la propia existencia… Una existencia que está entretejida de lo bueno y lo malo, lo alegre y lo doliente; de cosas que ayudan y sostienen, como también de las que estorban y lastran. Pero valor significa no escoger entre ellas lo que gusta o puede vivirse con facilidad, sino asumir el todo tal como es»[3]. Por tanto, el valor tiene que ver con reconciliarse con el destino propio, estar dispuesto a sobrellevar lo que me ocurre, aun cuando a veces sea desagradable. El valor no escoge, sino que asume lo que de él se espera.

En esa medida, el valor tiene que ver con la reconciliación. El valor muestra por una parte que la reconciliación no es tan sencilla, sino que requiere justamente valentía para reconciliarme con lo que llevo dentro y lo que me llega desde fuera. Pero el valor también es fruto de la reconciliación. Si estoy reconciliado conmigo mismo, encuentro también en mí el valor para asumir lo que me ocurre. Y valor es estar dispuesto a asumir también lo que me va a llegar en el futuro. Para Guardini, el valor consiste también en atreverse con el futuro. «El valor asume lo venidero, ve en ello su propia tarea y se pone a ella»[4]. En un entorno reconciliado tengo más valor para atreverme a algo. Pues ya no me tengo que estar defendiendo constantemente contra quienes proyectan en mí sus propias sombras. No necesito tener miedo a que todo lo que di-

---

[3] Romano GUARDINI, *Tugenden: Meditationen über Gestalten sittlichen Lebens*, Würzburg 1987[3], 93.

[4] *Ibid.*, 97.

go sea respondido de inmediato con una sucia avalancha de palabras hirientes. En un mundo reconciliado puedo presentarme tal como soy, puedo decir lo que me parece oportuno. No he de estar pensando continuamente en cómo podrían los otros reaccionar a mis palabras. Y tengo el valor de tratar de arreglar problemas sin miedo a cometer algún fallo que luego se difunda por todas partes.

Esperanza

Donde se produce reconciliación, la gente se llena de esperanza. La esperanza da vitalidad a las personas. El verbo alemán *hoffen* [esperar] viene de *hüpfen* [brincar]. Expresa la vitalidad, el gusto de vivir, el placer de celebrar la vida. Los latinos lo sabían: «Dum spiro, spero», «Mientras respiro, tengo esperanza». La esperanza es sustancial para el ser humano. Ernst Bloch, en su destacada obra *El principio esperanza*, constata que solo es valiosa la acción humana que está penetrada de esperanza y transmite esperanza. La esperanza es una fuente de energía. Si yo sé que con mi profesión llevo esperanza al mundo, trabajo a gusto y además disfruto del trabajo. Tengo más energía para trabajar bien. Pero no solo comunicamos esperanza con nuestro trabajo y nuestra profesión, sino también como personas. Por eso es un buen ejercicio preguntarse: ¿qué esperanza transmito yo como persona en los encuentros con otros, en mis conversaciones, en lo que digo o escribo, en lo que irradio a los demás?

Para Ernst Bloch, la esperanza es la fuerza que crea un futuro bueno y nuevo. Un buen arquitecto es aquel cuyas construcciones son esperanza edificada, esperanza de belleza, de cobijo, de seguridad, de hogar. Una buena maestra transmite esperanza en el sentido de la vida, esperanza de moldear la propia vida y poder trabajar hacia un futuro bueno. La médica transmite esperanza de curación; el científico, esperanza de nuevas soluciones para la crisis energética, la crisis climática o la lucha contra la propagación de enfermedades. Pero la esperanza solo puede florecer en un mundo reconciliado. Mientras los seres humanos están sin reconciliar, esperamos una reconciliación. Y a esta esperanza no deberíamos renunciar. La esperanza es muy distinta de las expectativas. Las expectativas pueden quedar decepcionadas. La esperanza no puede ser decepcionada. Porque esperamos siempre para el otro y en el otro. Y esperamos en lo que no se ve, como dice Pablo (Rom 8,25). La esperanza es, así, un motor de reconciliación en el mundo y al mismo tiempo un fruto de la reconciliación. Pues un mundo reconciliado está lleno de esperanza en un futuro mejor.

Para el filósofo francés Gabriel Marcel, que escribió una filosofía de la esperanza, la esperanza y la comunidad están vinculadas. Yo no espero nunca para mí, sino, en definitiva, siempre para nosotros. Para Gabriel Marcel, el individualismo es un motivo de que hoy tanta gente tenga dificultad con la esperanza. Se necesita la experiencia de una comunidad reconciliada para que florezca en nosotros la esperanza y nos dé la fuerza de creer, pese a todos los problemas, en un futuro bueno para nuestro mundo y de implicarnos en ello.

Hoy vemos las dificultades que obstaculizan la reconciliación. Entonces necesitamos la esperanza más aún. No debemos dejarnos demoler la esperanza por la realidad de una sociedad dividida, por la realidad de los enfrentamientos bélicos en el mundo, por la realidad de las divisiones en la Iglesia, en las empresas y en las familias. La esperanza es la fuerza capaz de transformar algo. El filósofo griego Heráclito acuñó este hermoso dicho: «Si uno no espera lo inesperado, nunca lo encontrará». Al contemplar la a veces áspera realidad de nuestro mundo, no debemos dejarnos arrebatar la esperanza.

La Biblia nos anima una y otra vez a la esperanza. Cuando los judíos retornaron de la cautividad babilónica, hubo un momento en que se paralizó la reconstrucción. Esdras, que se esforzaba por levantar de nuevo al pueblo, confiesa llorando la culpa del pueblo y su incapacidad para reconciliarse. Pero entonces le responde Secanías: «Hemos sido infieles a nuestro Dios [...]. Pero todavía hay esperanza para Israel» (Esd 10,2). Los Salmos nos exhortan constantemente a afirmarnos en la esperanza: «Espera en el Señor, sé valiente, ten ánimo, espera en el Señor» (Sal 27,14). Y el Salmo 37,9 dice: «Pero los que esperan en el Señor poseerán la tierra». Poseer la tierra es una imagen de una vida lograda. La esperanza posibilita una vida pacífica en la tierra.

Los primeros cristianos irradiaban claramente esperanza en su sociedad. Y eso estimulaba la curiosidad de la gente que los rodeaba. La Primera Carta de Pedro da directrices a los cristianos que fuesen interrogados por los paganos sobre el fundamento de su esperanza: «Si alguien os pide explicaciones de vuestra esperanza, estad dispuestos a defenderla» (1 Pe 3,15). Nuestra tarea como cristianos en este mundo sería también, en medio de este mundo dividido, volvernos fermento de la esperanza en la reconciliación, no dejarnos bloquear por las experiencias negativas, sino afirmarnos en nuestra esperanza. Así exhorta también la Carta a los Hebreos a los cristianos que entonces –al igual que ahora– flaqueaban en su fe y su esperanza: «Mantengamos sin desviaciones la confesión de nuestra esperanza, pues es fiel el que prometió» (Heb 10,23).

Conclusión
Toda reconciliación es un nuevo comienzo

Toda reconciliación es un nuevo comienzo. Pablo, antes de hablar en la Segunda Carta a los Corintios del ministerio de la reconciliación que Cristo les encomendó a él y a todos los cristianos, recuerda a los cristianos que son una nueva creación: «Si uno está en Cristo, es criatura nueva. Lo antiguo pasó, ha llegado lo nuevo» (2 Cor 5,17). Evagrio Póntico, un monje del siglo IV, a los monjes que están siempre dando vueltas al pasado con sus heridas y decepciones les aconseja que reciten una y otra vez esta frase, que se la hagan oír a su decepción. Entonces se darán cuenta: «Yo no soy solo mi pasado; en Cristo me he vuelto nuevo. Puedo dejar lo antiguo tras de mí».

Las experiencias realizadas por los monjes con esa frase las podemos hacer también si nos decimos de continuo: «Estoy reconciliado con mi historia, con mi amigo, con mi cónyuge, con mis compañeros de trabajo»; entonces vivenciaré que algo nuevo brota en mí. Mientras estoy sin reconciliar, noto sobre mí la carga del pasado. Los antiguos conflictos me presionan, me paralizan, me quitan energía. En la reconciliación me desprendo del lastre de los viejos enfrentamientos y malentendidos, de los prejuicios y condenas. Entonces puedo empezar de nuevo, poner un nuevo comienzo. Y me siento nuevo, como nacido de nuevo, con nuevo ánimo vital, con nueva energía y nueva esperanza para el futuro.

Muchas personas tienen la sensación de que están ya predeterminadas por su pasado. Se sienten postergadas porque en la historia de su vida han experimentado tantas heridas y tantos obstáculos. La reconciliación es una promesa: no estamos predeterminados por el pasado. Como seres reconciliados, podemos empezar una y otra vez de nuevo, contactar de nuevo con la gente, implicarnos de nuevo en la vida, sin tener que estar siempre arrastrando con nosotros el lastre del pasado. No reprimimos el pasado, pero nos liberamos de su carga al reconciliarnos con él.

De cara al nuevo comienzo tras la reconciliación, son válidos dos dichos contradictorios. Por un lado, la afirmación de Herman Hesse de que todo comienzo tiene su hechizo. Por otro, el proverbio «Los comienzos son siempre duros». Si me he reconciliado con mi amigo, percibo el hechizo del nuevo comienzo. De repente podemos conversar entre nosotros más personalmente de lo que antes era posible. Hablamos también de nuestras facetas sombrías, que hemos llegado a conocer durante el conflicto y el enfrentamiento. Ya no aparentamos nada ante el otro. Ahora confiamos totalmente en él. Nos hemos quedado libres de la imagen que nos habíamos hecho el uno del otro. Y tenemos la sensación de que ambos nos hemos vuelto más maduros. Los dos hemos atravesado tiempos difíciles, tiempos de malentendido por ambas partes, tiempos de alejamiento, de vulneración, de desamparo, de impotencia. Y, sin embargo, ahora hemos dejado atrás esos tiempos oscuros. El sol de la reconciliación ha amanecido sobre nosotros. Ahora caminamos a una luz radiante y al mismo tiempo suave, que acepta en nosotros todo lo que durante el conflicto hemos reprimido y proyectado en el otro.

El hechizo del nuevo comienzo fue perceptible cuando Adenauer y De Gaulle se estrecharon las manos, cuando de pronto surgieron nuevas amistades entre alemanes y franceses, cuando los soldados que en la guerra habían luchado enfrentados celebraron juntos de pronto actos litúrgicos. También sobre la reconciliación entre Alemania Occidental y Alemania Oriental se extendió un resplandor que hacía brillar los ojos de la gente. Podía dejar atrás el pasado en que estaban encerrados unos contra otros. No solo se abrazaron los parientes, sino también personas que no se conocían de nada. Celebraban juntas la fiesta de la reunificación.

Al mismo tiempo, tanto en el este como en el oeste se percataron de que los comienzos son siempre duros. Tras la euforia primera, surgieron desengaños por ambas partes. Los alemanes orientales veían con frecuencia a los occidentales como arrogantes y sabelotodos. El personal occidental que pasó al este para ayudar a los bancos o los servicios orientales y reorganizarlos quedó decepcionado por las estructuras a veces inamovibles y por la resistencia a las innovaciones. Y brotaron envidias porque la gente del oeste ganaba más dinero que la del este. Así conocieron, no solo los políticos, sino todos los ciudadanos y ciudadanas, que la reconciliación puede ser también difícil, que significa un largo proceso de transformación. Pero solo puede conseguirse una transformación si uno acepta lo que ha llegado a ser. Los ciudadanos occidentales tienen que apreciar a los orientales con su historia y sus experiencias. Solo entonces puede brotar algo nuevo. Por ambas partes hay que derribar los prejuicios y tiene que crecer la apertura para implicarse en las nuevas circunstancias. Entonces, en medio del penoso proceso de reconciliación, volverá a brillar de nuevo el hechizo del comienzo.

Que todo comienzo es duro lo experimentan también los matrimonios que se han reconciliado. Ambos cónyuges han decidido dejar atrás las heridas y decepciones. No obstante, vuelven a aparecer una y otra vez las viejas heridas y perturban la convivencia reconciliada.

Una ayuda para lograr la reconciliación son los ritos reconciliatorios. Hans Jellouschek ha diseñado tales ritos para la terapia conyugal y los ha ejecutado una y otra vez con matrimonios. Un rito reconciliatorio puede presentarse de modo que se expresen francamente los conflictos y las heridas. Pero a la vez se expone honradamente que uno está dispuesto a dejar el pasado tras de sí y empezar de nuevo. Es útil que en el rito esté presente un testigo. También se puede poner por escrito las heridas y decepciones y, una vez leídas en alto, quemarlas en común. Y si luego, tras la reconciliación, vuelven a emerger las heridas antiguas, puede uno decirse: «Yo he quemado las heridas antiguas. Dejo que sigan quemadas». Después de quemarlas, se celebra una fiesta de la reconciliación. Y también entonces es buena la presencia no solo del testigo, sino también de los amigos. Entonces la reconciliación se hace patente también para los amigos. Y estos quedan aliviados, porque ahora pueden tener otra vez buenas relaciones con ambos miembros de la pareja.

Porque, si la pareja no está reconciliada, también suele causar división en los amigos.

No existe solo un rito reconciliatorio al comienzo de la reconciliación. Se necesitan también ritos reiterados que nos la recuerden. Por eso en la reconciliación franco-alemana ha habido ritos una y otra vez, cuando el presidente alemán visitaba Francia o cuando el presidente francés estaba en Alemania. La reunificación alemana necesita reiterar ritos que recuerden el milagro de la caída del muro. Es lo que sucede en la Fiesta de la Unidad alemana. Aunque algunos piensan que entonces se pronuncian discursos demasiado grandilocuentes, es importante hacer memoria en común de la reunificación y festejarla y al mismo tiempo considerarla como un reto para que penetre cada vez más hondo en las cabezas para desmontar los viejos prejuicios.

Algo parecido pasa en la reconciliación entre esposos o amigos. Se necesitan entonces los ritos cotidianos del beso o del abrazo. O se puede conmemorar con una pequeña fiesta el aniversario de la reconciliación. Los amigos reconciliados pueden planear un día de excursión en común. Los ritos no se limitan a hacer memoria de la reconciliación que concluimos, sino que además la refuerzan. Pues expresan los sentimientos reconciliatorios que hemos percibido al reconciliarnos pero que en el día a día volvemos a olvidar. Y esos sentimientos mueven algo dentro de nosotros. Así se puede experimentar una y otra vez la reconciliación en medio de la vida cotidiana.

Es posible reconciliarse. Pero el camino de la reconciliación está a menudo lleno de obstáculos. En ese camino se dan una y otra vez retrocesos y desvíos. Sin embargo, no deberíamos perder la esperanza de que también hoy es posible reconciliarse. Mi objetivo al escribir este libro ha sido fortalecer la esperanza en la reconciliación. Esa esperanza agudiza nuestra visión para descubrir ya aquí y ahora las huellas de la reconciliación. Y además nos estimula a atrevernos reiteradamente a la reconciliación.

Las reflexiones sobre la reconciliación han puesto de manifiesto lo importante que es este tema para nuestro tiempo. La reconciliación es un requisito para alcanzar una vida lograda, pero también para hacer posible una buena convivencia en la sociedad y entre los pueblos. La reconciliación entre personas y pueblos, pero también entre las personas y la naturaleza, es la condición para que nuestros descendientes y nosotros podamos llevar sobre esta tierra una vida buena y próspera. Es lo que deseo a todos mis lectores y lectoras: que, reconciliados consigo mismos y con los demás, reconciliados con Dios y con la creación, vivan en este mundo y se conviertan ellos mismos en una fuente de reconciliación para las personas con las que hacen camino juntos.

Índice de materias